Rosl

MARINA S.

Albtraum ohne Ende?

W0363582

Marina S.

Albtraum ohne Ende?

Eine Geschichte von Missbrauch und Heilung

NEUFELD VERLAG

MIX
Papier aus verantwortungsvollen Quellen
FSC® C014496

Die Deutsche Bibliothek verzeichnet diese Publikation in der Deutschen Nationalbibliografie; detaillierte bibliografische Daten sind im Internet über www.dnb.de abrufbar

Bibelzitate, soweit nicht anders angegeben, sind der Übersetzung *Hoffnung für alle*® entnommen, Copyright © 1983, 1996, 2003 by *International Bible Society*®. Verwendet mit freundlicher Genehmigung des Verlages

Umschlaggestaltung: spoon design, Olaf Johannson
Umschlagbild: © ShutterStock®
Satz: Neufeld Verlag
Herstellung: GGP Media GmbH, Pößneck

© 2011 Neufeld Verlag Schwarzenfeld
ISBN 978-3-86256-009-7, Bestell-Nummer 588 741

Nachdruck und Vervielfältigung, auch auszugsweise, nur mit Genehmigung des Verlages

www.neufeld-verlag.de

NEUFELD VERLAG

Inhalt

Vorwort

Schon lange haben Freunde mich ermutigt, meine Lebensgeschichte aufzuschreiben. Ich bin Frauen begegnet, die ein ähnliches Schicksal durchlebt haben wie ich. Natürlich verarbeitet jeder Mensch traumatische Erfahrungen auf seine ganz persönliche Art. Mit der Zeit wurde mir jedoch immer klarer, dass man nur durch Vergebung, durch einen Abschluss mit der eigenen Vergangenheit und einen echten Neubeginn wirklich frei von negativen Gefühlen werden kann. Da viele Frauen auch nach Jahren vergeblich auf ein angstfreies und „normales" Leben hoffen, entschloss ich mich, meine Geschichte aufzuschreiben: Es gibt nicht viele Berichte über sexuellen Missbrauch und seine Folgen, aber vor allem auch über den Weg der Befreiung.

Mit meinem vorliegenden Lebensbericht möchte ich anderen Opfern Mut machen und Hoffnung geben. Ich habe erfahren, dass es durch Jesus Christus einen Weg aus dem Teufelskreis der Gefühle gibt. Heute führe ich ein erfülltes und glückliches Leben voller Liebe und Wertschätzung.

Ich bin keine professionelle Autorin und hatte keine Ahnung, wie ich meine Erfahrungen zu Papier bringen konnte. Daher danke ich allen, die mich dazu ermutigt und mit ihrem Rat unterstützt haben, ganz besonders Georg, Ronald und Edda.

Ebenso danke ich meiner Mama und meinem Papa, dass sie mir dieses Leben ermöglichten: Ihr habt mich in einer stabilen Familie aufwachsen lassen und versucht, mir alles Wichtige für ein erfolgreiches Leben mitzugeben. Auf Eure Weise habt Ihr mir Liebe und Schutz gegeben, soweit es in Euren Möglichkeiten stand. Durch Euch konnte ich in meiner Heimat bleiben und wurde nicht entwurzelt. Es würde mich freuen, wenn diese Offenlegung meiner Erlebnisse auch für Euch hilfreich wäre.

Zum Schutz meiner Familie wurden alle Namen sowie weitere Details in dieser Schilderung geändert.

Marina S.

Kapitel 1

Behütet

Eine Kindheit auf dem Land

Ich wurde im Winter 1970 in einer ländlichen Kleinstadt in Oberbayern geboren. Wie ich später erfuhr, war meine Mutter Ramona mit ihren knapp sechzehn Jahren völlig überfordert, sich um ihr Baby zu kümmern. Mein Großvater war zweiter Bürgermeister und weit mehr um seinen Ruf und sein Ansehen besorgt als um seine Tochter und Enkelin. Kurzerhand wurde meine Mutter mit mir aus dem Haus geworfen. Sie kam bei ihrem Onkel unter, konnte jedoch auch dort nicht wirklich mit Hilfe rechnen.

Allerdings wollte sie auch weiterhin lieber ein freies Leben führen, wie ihre Altersgenossen auch. Ramona kam schon mal tagelang nicht nach Hause und verbrachte ihre Zeit lieber mit Jungs, als sich um ihr hilfloses Baby zu kümmern. Sie vernachlässigte mich, so dass besorgte Nachbarn manchmal eingreifen mussten. Ohne deren Hilfe wäre ich wohl verhungert.

Im Alter von einem Jahr kam ich dann zu liebevollen Pflegeeltern. Maria und Jakob wohnten in demselben Städtchen und waren gerade dabei, etwas außerhalb ein Haus zu bauen. Sie waren hoch verschuldet, doch aus Liebe bereit, für mich zu sorgen. Ihr Herz war groß und voller Mitleid und sie wollten mir ein besseres Leben ermöglichen. Von da an war meine Heimat ein idyllisches Dorf in einem Hochtal. Maria, meine neue Mutter, hatte kurze Zeit zuvor durch eine Fehlgeburt ein Baby verloren. Dadurch erfuhr kaum jemand, dass ich nicht ihr leibliches Kind war, vor allem die Leute, die von ihrer Schwangerschaft wussten und sie länger nicht gesehen hatten. Mein neuer und zugleich erster Vater, Jakob, schloss mich schnell ins Herz. Stets war ich sein kleines Mädchen, das er immer beschützen wollte und fast vergötterte. Es war ganz selbstverständlich, dass ich sie von Anfang an „Mama" und „Papa" nannte.

Da sie zusammen vierzehn Geschwister hatten, wuchs ich in einer großen Verwandtschaft auf. Wir hatten viel Besuch und ich konnte mit meinen Cousins und Cousinen spielen. Der Großvater, der im selben Haus wohnte, brachte mich später meist in den Kindergarten und holte mich dort auch wieder ab.

Meine Eltern mussten konsequent sparen und verzichteten mir zuliebe auf vieles. Papa unternahm unzählige Wanderungen mit mir durch die herrlichen Mischwälder und auf die Berge ringsherum. Dabei lernte ich viel über die Pflanzen- und Tierwelt unserer Region. Durch die vielen gemeinsamen Stunden entwickelte sich ein inniges Verhältnis zwischen uns. Er war viel nachgiebiger als Mama. Sie war strenger und schlug mich auch häufig, nicht selten mit einem Kochlöffel. Damals war das wohl nicht unüblich, und so dachte sich auch niemand etwas dabei.

Als ich im Alter von sechs Jahren in die Schule kommen sollte und aus dem Gröbsten heraus war, wollte mich meine leibliche Mutter Ramona – für mich war sie nicht viel mehr als meine Erzeugerin – wieder bei sich haben. Meine Pflegeeltern beantragten daraufhin sofort meine Adoption. Untersuchungen ergaben, dass Ramona in der Zwischenzeit noch eine weitere Tochter einer Pflegefamilie überlassen hatte; das Gericht bewilligte die Adoption.

Kurze Zeit später verließ Ramona ihre Heimat und suchte ihr Glück in der Schweiz. Ich habe keinerlei Erinnerung an sie, da es keinen Kontakt mehr gegeben hatte, seitdem ich zu Maria und Jakob gekommen war. Alle Informationen über sie bekam ich aus zweiter Hand.

Meine nun rechtmäßigen Eltern erklärten mir, dass ich adoptiert sei und somit rechtlich als ihr eigenes Kind gelte. Es war schwierig für mich, dies wirklich zu verstehen. Bis dahin hatte ich ja überhaupt nicht gewusst, dass Maria gar nicht meine leibliche Mutter war. Ich hatte keine bewussten Erinnerungen an meine ersten Lebensmonate und auch von der Gerichtsverhandlung nichts mitbekommen.

Nun konnte ich mir kaum vorstellen, dass es wahr sein sollte, dass meine natürliche Mutter mich nicht gewollt hatte, dass ihr egal gewesen war, was aus mir werden würde. In meinen Gedanken ging es drunter und drüber. Ich wollte wissen, wer meine Erzeugerin war, wie sie aussah und vor allem, warum sie mich offenbar so sehr im Stich gelassen hatte. Antworten bekam ich jedoch keine, da meine Mama nie wirklich bereit war, mir mehr über Ramona zu erzählen.

Erst als ich selbst erwachsen war, verstand ich Marias Ängste, mich möglicherweise wieder zu verlieren. Aufgrund meiner vielen Fragen hatte sie den Eindruck, dass ich unbedingt zu meiner leiblichen Mutter zurück wollte. Dabei war ich nur auf der Suche nach meiner Identität.

Jedes Mal, wenn meine Mama mich in den folgenden Jahren schlug oder es Auseinandersetzungen mit ihr gab, fühlte ich mich ungeliebt und sehnte mich nach jener Frau, die mich gedankenlos in die Welt gesetzt hatte. All das Negative, was mir über sie erzählt worden war, wollte ich nicht glauben. Es verstärkte in mir nur den Wunsch, sie kennen zu lernen. Diese innere Zerrissenheit führte während meiner Pubertät zu vielen Streitigkeiten zwischen meiner Mama und mir. Ihre Worte, dass sie mich lieben würde, erreichten mich nicht mehr. Ich glaubte vielmehr meinen eigenen Empfindungen. Ich blieb stur und wollte meine Fragen beantwortet haben. Doch das blieb mir versagt.

Immer öfter fühlte ich mich einsam und wünschte mir ein kleines Geschwisterchen. Oft erzählte ich meinen Eltern von diesem Wunsch. Ich wollte jemanden zum Spielen haben und einen Gleichgesinnten, dem ich vertrauen konnte. Da sie selbst vergeblich auf eigene Kinder hofften, sondern einige Fehlgeburten erlitten hatten, dachten sie über eine weitere Adoption nach.

Eines Tages war es dann auch soweit und wir holten meinen kleinen Bruder Daniel aus einem Kinderheim ab. Mit ihm kam wieder Freude in mein Leben. Wir hatten ein kleines Baby zu Hause, um das ich mich kümmern durfte! Da Daniel sechs Jahre jünger war als ich, hatten wir natürlich völlig unterschiedliche Interessen. Nicht selten wurde mir der kleine Bruder dann zu einem lästigen Anhängsel. Oft wollte ich lieber mit Freunden unterwegs sein und spielen, anstatt auf ihn aufpassen zu müssen.

Als Daniel etwa fünf Jahre alt war, stellte sich heraus, dass er an Leukämie litt. Untersuchungen ergaben, dass diese Krankheit auf die Drogensucht seiner leiblichen Mutter zurückzuführen war. Es begann ein Kampf um sein Leben. Mama bemühte sich zu Hause aufopfernd um ihn; einen längeren Aufenthalt in der Klinik hätte der anhängliche Junge wohl kaum gut überstanden. Es gab strenge Auflagen, was Daniel essen durfte, und natürlich wurde er regelmäßig untersucht. In diesen langen Monaten musste ich selbst zurückstehen und wurde öfter beschuldigt, etwas angestellt zu haben, was eigentlich auf sein Konto ging. All meine Rechtfertigungen wollte Mama nicht annehmen.

Die grundlegenden Sorgen unserer Eltern waren uns kaum bewusst. Lediglich wenn wir uns beim Einkaufen Schokolade oder ähnliche Süßigkeiten wünschten, hieß es meistens: „Nein! Das geht nicht. Vielleicht nächstes Mal ..." Daher waren wir immer furchtbar glücklich, wenn wir von unseren Tanten hin und wieder eine Tafel Schokolade geschenkt bekamen.

Da Mama auch Gästezimmer an Urlauber vermietete, bekamen wir von so manchen netten Urlaubsgästen von Zeit zu Zeit etwas Geld zugesteckt. Mama verlangte von uns Kindern dafür auch immer, dass wir freundlich zu ihnen sein sollten. Das war nicht immer leicht, denn manchmal wollten wir einfach lieber unsere Ruhe haben. Es ist einem eben nicht immer nach Lächeln zumute. Dennoch bemühten wir uns und wurden auch meistens belohnt. Gelegentlich wurden wir zu kleineren Ausflügen mitgenommen und erhielten dadurch die Möglichkeit, selbst mehr von unserer Heimat kennen zu lernen.

In den Wintermonaten hatten wir immer viel Schnee. Wir Kinder dachten oft, dass er wohl nie mehr tauen würde. Doch zugleich genossen wir viele Nachmittage auf den Skipisten.

So strichen die Jahre vorüber. Als ich mit zehn Jahren in die Hauptschule kam, fuhr ich mit dem Schulbus ins Nachbardorf. Dadurch wurde ich selbständiger und lernte neue Freunde kennen. Zudem sollte ich bald zum ersten Mal Bekanntschaft mit dem anderen Geschlecht machen.

Pubertät

Die Veränderungen meines Körpers mit Beginn der Pubertät verstand ich zuerst nicht. Mit elf Jahren taten mir meine Brustwarzen immer häufiger weh. Sie wurden dann hart, als hätte ich eine Krankheit. Ich war verunsichert und wusste nicht recht, wen ich um Rat fragen sollte. Zu meinen Tanten Claudia und Lore hatte ich Vertrauen, also suchte ich eine passende Gelegenheit, um mit ihnen darüber zu reden. Die beiden waren in vieler Hinsicht lockerer und offener als Mama, die wesentlich prüder war. Meine Eltern sah ich nie nackt, was bei Claudia nach einem Bad ganz natürlich war.

Eines Nachmittags saß ich in Claudias und Lores Kunstwerkstatt und beobachtete sie bei ihren Arbeiten. Claudia bemalte Trinkgläser mit wunderschönen Verzierungen, Lore arbeitete an einer ihrer altertümlichen Ikonen. Ich durfte wieder einmal ein Bild hinter Glas malen und lernte dabei von ihren hilfreichen Ratschlägen. Dazu tranken wir englischen Tee und tratschten über dieses und jenes. Als ich schließlich meinen Mut zusammen nahm und wegen meiner schmerzenden Brustwarzen fragte, schmunzelten die beiden und meinten beruhigend: „Das ist in deinem Alter ganz normal: Du wirst langsam eine Frau.“ Später schenkte mir Claudia ein Buch über die pubertären Entwicklungen.

Das war meine ganze Aufklärung – immerhin, es war interessant und irgendwie auch beruhigend, zu wissen, was in seinem Körper vorgeht.

Seit der Hauptschulzeit war ich auch häufiger mit Freundinnen unterwegs oder fuhr stundenlang mit dem Fahrrad durch die Gegend.

Immer öfter trafen wir uns auch mit Jungs, da das gegenseitige Interesse allmählich erwachte. Unaufgeklärt und unsicher, wie wir waren, entstanden Annäherungen sehr zaghaft. Das Kribbeln im Bauch war aufregend, besonders, wenn ich von einem Jungen wahrgenommen wurde, der mir gut gefiel. Manchmal versteckte ich mich mit Andreas im Pferdestall. Dabei war ich immer sehr nervös, liebte aber seine Blicke und seine Hände, wenn er mich umarmte. Seine Küsse waren wie vorsichtige Berührungen, gerade so, als würde er etwas sehr Zerbrechliches mit seinen weichen Lippen berühren. Nach mehrmaligen Treffen streichelte er dann auch mal meine kleinen Brüste. Mir war dabei nicht so richtig klar, ob mir das gefiel oder nicht. Andreas war nie aufdringlich und hörte sofort auf, sobald ich eine abwehrende Bewegung machte. Sein Verhalten gab mir Sicherheit und ich wusste, dass ich keine Angst zu haben brauchte.

Immer wieder gab mir Mama meinen kleinen Bruder Daniel mit. Wenn ich auf ihn aufpassen musste, traute ich mich kaum, mit Andreas zusammen zu sein. Zu Hause fragte sie Daniel dann aus, und sie kam schnell dahinter, dass ich mich mit Andreas traf. Die Folge war eine weitere Auseinandersetzung mit ihr. Es kam häufiger vor, dass sie mich beschimpfte: „Du wirst immer mehr wie deine Mutter! Die war auch nur ein Flittchen und benahm sich wie eine Hure!“

Immer unglücklicher wurde ich durch diese wiederkehrenden Vorwürfe. Ich fand an diesen kleinen Annäherungen nichts Schlimmes, sondern einfach nur natürliche Neugierde. So wie man eben auch die Veränderungen an seinem eigenen Körper wahrnimmt, beobachtet und fühlt, so möchte man eben auch die Neugier auf das andere Geschlecht erfüllt bekommen.

Was mir nun von meiner Mama an den Kopf geworfen wurde, tat mir im Herzen weh. Obwohl ich Ramona nicht kannte, wollte ich diese negativen Dinge über sie nicht hören und auch nicht glauben. Wenn ich dann mit Mama in einen Streit darüber geriet, nahm ich Ramona in Schutz. Erschwerend kam hinzu, dass jedes Gespräch über die Adoption und meine Herkunft nur mit Mama alleine geführt werden konnte, da sie mir verboten hatte, mit anderen Leuten darüber zu sprechen. Sie wollte auf keinen Fall, dass mein sensibler Bruder Daniel jemals etwas über meine oder seine eigene Adoption erfuhr. Zu groß war ihre Angst, dass er diese Wahrheit genauso wie ich negativ aufnehmen könnte.

Außerdem verbot sie mir, mich mit Jungs zu treffen. Folglich tat ich das künftig heimlich. Unter dem Vorwand, joggen zu gehen, konnte ich problemlos das Haus verlassen. Da aber unser Haus auf einer Anhöhe lag und man vom Balkon aus ein weites Gebiet überblicken konnte, machte ich die Rechnung ohne Mama: Sie suchte die Gegend tatsächlich mit dem Fernglas ab und beobachtete mich. Auf diese Weise wusste sie natürlich gleich wieder Bescheid, wenn ich mich mit Jungs traf.

Kaum betrat ich bei der Rückkehr unsere Wohnung, spürte ich schon den harten Schlag von Mamas Hand auf meiner Wange. Warum wollte sie nur nicht verstehen, dass wir nichts Böses im Sinn hatten?

Ich fühlte mich mehr und mehr eingeengt, ungeliebt und unverstanden. War sie selbst denn nie jung gewesen und neugierig? Ich nutzte allmählich jede Möglichkeit, außer Haus zu sein.

Im Alter von elf, zwölf Jahren war meine körperliche Entwicklung nicht mehr zu übersehen. Es gefiel mir, dass die Jungen mich anschielten. Von meiner Tante in London bekam ich gelegentlich schicke Kleidung geschenkt, die unserer Mode ein Jahr voraus war. Damals waren Minikleider und -röcke sowie Karottenhosen topmodern. Darin fühlte ich mich feminin und hübsch, ganz ohne schlechte Gedanken.

Langsam, aber sicher machte ich jedoch auch Bekanntschaft mit den schmutzigen Gedanken einiger Männer. Kaum war der eine oder andere aus dem Bekanntenkreis meiner Eltern einmal einen Augenblick mit mir alleine, flüsterten sie mir Sachen ins Ohr wie: „Wenn du ein bisschen nett zu mir bist, kannst du dir dein Taschengeld aufbessern." – „Sei lieb und zeig mir doch mal deine schönen Möpse." Oder: „Willst du nicht mal fühlen, wie sich nackte Haut an deiner anfühlt?"

Das verunsicherte mich sehr, denn mir war schließlich beigebracht worden, immer freundlich zu sein. Wie sollte ich mich jetzt in solchen Situationen verhalten? Ich wehrte ab und versuchte, gar nicht erst anwesend zu sein, wenn wir derartigen Besuch bekamen. Diese Annäherungsversuche waren mir einfach sehr unangenehm. Zudem hatte ich Angst, dass diese Männer Papa gegenüber irgend etwas Schlechtes über mich sagen könnten.

Da ich einige kleine Cousins und Großcousins hatte, bot sich mir die Möglichkeit, durch Babysitten aus dem Haus zu kommen und mir gleichzeitig ein wenig Geld zu verdienen. Meine Eltern unterstützten mich dabei, da sie es gerne sahen, dass man sich innerhalb der Verwandtschaft gegenseitig hilft. Außerdem konnte sich Mama sicher sein, dass ich in dieser Zeit verantwortungsbewusst auf die Kleinen achtete und mich mit keinem Jungen treffen würde.

Es sollte sich bald herausstellen, dass ein Mädchen selbst da nicht in Sicherheit ist.

Unbekümmerte Zeiten

Die Beziehung zu meiner Mama wurde immer schlechter. Durch die ganz normalen Veränderungen in der Pubertät, durch meine Suche nach Werten und dem Ziel meines Lebens und durch den Versuch, mich abzunabeln, entstanden immer mehr Konflikte. Die strenge Erziehung durch meine Mama, die mir das Gefühl von Enge gab, führte dazu, dass ich mich zunehmend dagegen auflehnte. Ich wollte einfach mehr Freiheit. Viele dieser Streitereien waren in dieser Entwicklungsphase sicher ganz normal.

Allerdings wurden unsere Auseinandersetzungen durch meine Adoption erschwert. Ich wollte mehr über meine leibliche Mutter Ramona erfahren und sehnte mich danach, meine Wurzeln zu erforschen. Doch immer, wenn ich Mama danach fragte, wie meine leibliche Mutter sei, wo sie lebte und wer mein Vater war, stieß ich auf eine eiskalte Mauer. Sie war nicht bereit, mir etwas preiszugeben. Kein einziges gutes Wort verlor sie über Ramona. Stets erklärte sie mir: „Darüber gibt es nichts zu wissen. Deine Mutter ist eine Hure und wollte dich nie haben. Du warst für sie nur eine störende Last. Sei doch froh, dass es dir bei uns so gut geht!“ Wenn ich dennoch weiter bohrte, wurde Mama zornig und es kam, wie so oft, zum Streit. Traurig zog ich mich dann in mein Zimmer zurück oder verließ das Haus. Ich durfte ja mit niemandem über meine Adoption sprechen. Mein Bruder sollte davon am allerwenigsten erfahren. Es wurde zu einem Tabu, was ich nicht begreifen konnte.

Folglich verbrachte ich viele Stunden im nahe gelegenen Wald. Ich liebte die Ruhe dort, lauschte gerne dem Vogelgezwitscher. Dort hing ich meinen Gedanken nach und versuchte mir vorzustellen, wie schön mein Leben werden könnte, wenn ich von zu Hause ausziehen und meine eigenen Entscheidungen treffen könnte.

Wenn ich an manchen Nachmittagen wenig für die Schule tun musste, schnappte ich mir mein Fahrrad und fuhr ziellos durch die Gegend. An besonders schönen Tagen ließ ich es auch den Berg hinunter sausen, wo meine Tanten Claudia und Lore lebten.

Im selben Haus wohnte auch meine geliebte Oma mütterlicherseits. Ich besuchte sie sehr gerne; bei ihr fühlte ich mich immer angenommen und geliebt. Von ihr lernte ich viele Lebensweisheiten.

Hin und wieder durfte ich auch bei ihr übernachten und dann sogar in ihrem Bett schlafen. Sie wärmte es mir immer mit der Heizdecke vor, was für mich etwas ganz Besonderes war. So fühlte es sich wie ein herrlich warmes Nest an, auf das ich mich stets freute. Am Morgen kuschelten wir uns zusammen und unterhielten uns eine ganze Weile, bis uns der Hunger dann in die Küche trieb.

Meine Oma versorgte auch den Schäferhund Arko, der eigentlich meinem Onkel Holger gehörte. Da er in einer kleinen Wohnung in einem Hochhaus lebte, war der Hund bei Oma untergebracht. Ich liebte Arko und durfte auch, so oft ich wollte, mit ihm spazieren gehen. Das waren stets wunderschöne Stunden für mich. Der Hund gab mir das Gefühl, dass er mich so ziemlich als Einziger verstand. Er blickte mich mit seinen treuherzigen Augen an – besonders wenn ich Kummer hatte –, als wollte er mir zu verstehen geben, dass er mit mir fühlt. Wir hatten eine gute Freundschaft und nicht selten knurrte er andere an, die mir nahe kommen wollten. Selbst meinen Bruder ließ er nur ungern an mich heran. Daniel war eher etwas ängstlich, was Arko vermutlich witterte.

In den Sommerferien nahmen mich meine Tanten öfter mit an den See zum Baden. Dabei hatten wir Kinder einen Riesenspaß. Wenn ich einige Tage bei ihnen bleiben konnte, bekam ich weit mehr Freiraum als zu Hause. Nachmittags konnte ich Rad fahren oder auch mit Nachbarskindern zusammen sein, ohne ständig gefragt zu werden, wo ich mit wem gewesen sei.

Als ich dreizehn war, durfte ich mit meiner Oma nach London fliegen. Wir besuchten dort zehn Tage lang eine Tante. Es war eine der schönsten Zeiten meiner Jugend. Stundenlang saßen Oma und ich im Garten und spielten Karten. Ich spazierte mit dem Hund meiner Tante in den nahe gelegenen Park, und wir besichtigten einige Sehenswürdigkeiten Londons.

Leider war der Sommer immer viel zu kurz. Den nasskalten Herbst mochte ich weniger: ich konnte nicht mehr so oft nach draußen und war gezwungen, länger mit Mama zusammen zu sein.

Die schneereichen Wintermonate verbrachte ich dann wieder reichlich im Freien. Wir Kinder spielten gerne im Schnee und machten oft Wettrennen mit den Schlitten oder bauten ein Iglu. Ich war aber auch eine engagierte Skifahrerin. Zum Glück bekamen wir die Liftkarten immer geschenkt. In diesem Umfang hätten meine Eltern sie wohl kaum bezahlen können.

Doch die unbekümmerten Zeiten sollten bald für immer vorbei sein.

Kapitel 2

Missbraucht

Das Ende meiner Kindheit

Onkel Richard und Tante Claudia hatten zwei Söhne. Norbert war acht Jahre jünger als ich, Simon etwa zehn Jahre. Mein Bruder Daniel und Norbert waren dicke Freunde und gemeinsam fielen ihnen eine Menge Streiche ein. Dabei waren sie kaum zu bändigen. Simon war dagegen ein eher ruhiges und unauffälliges Kind. Ich kam gut mit ihnen zurecht und fand schnell heraus, wie ich sie am besten bändigen konnte, wenn sie wieder einmal meinten, ihrem Ruf als Lausbuben gerecht werden zu müssen.

So wie ich tagsüber gut auf sie aufpassen konnte, gab es auch abends keine Probleme, sie ins Bett zu bringen. Häufig las ich ihnen dann noch eine Geschichte vor. Simon schlief dabei immer schnell ein. Da das so wunderbar funktionierte, baten Richard und Claudia mich häufig, bei ihnen zu übernachten und auf die Jungs aufzupassen. Sie gingen gerne bis spät in die Nacht mit Freunden fort. Mir war das auch recht, denn so durfte ich selbst länger auf bleiben und ohne Einschränkungen fernsehen, auch nach 20 Uhr. Es gab eine Menge Filme, die ich spannend fand und die ich zu Hause nie hätte schauen dürfen.

Einmal sah ich mir den Horrorfilm *The Fog – Nebel des Grauens* an. Nie zuvor hatte ich so spät überhaupt einen Film gesehen. Wie gebannt saß ich in Claudias Schaukelstuhl. Ich hatte mir ein kuscheliges Nest gemacht und etwas zum Knabbern vor mir. Obwohl es angenehm warm war, ich zusätzlich noch in eine Decke gehüllt war und meine Beine unter mein Nachthemd gesteckt hatte, fröstelte mich. Ich begann richtig zu frieren und spürte den mysteriösen Nebel geradezu, der sich im Film immer wieder über die Stadt legte. Um ja keine Geräusche im Haus zu überhören, wagte ich nicht mehr zu knabbern. Immer mehr ergriff mich die Angst und ich wollte nicht alleine sein. Doch ich war unfähig, den Fernseher einfach auszuschalten. Wie gelähmt lag ich zusammengekauert im Schaukelstuhl. Die Decke hatte ich mir fast über den Kopf gezogen, schielte mit den Augen nur noch ein wenig heraus.

Plötzlich hörte ich im Treppenhaus Tritte. Ich erstarrte vor Angst, als die Wohnungstür knarrend geöffnet wurde. Ich hielt den Atem an. Jemand schlich ins Wohnzimmer: „Hey, Marina, du bist ja noch wach!", hörte ich die vertraute Stimme meiner Tante Claudia. Ich brach vor Erleichterung beinahe in Tränen aus und erzählte ihr von dem Film und meinen Ängsten. Sie setzte sich noch eine Weile zu mir und beruhigte mich. Dann kam auch Richard ins Wohnzimmer und meinte, es wäre nun wirklich Zeit, ins Bett zu gehen. Ich kroch, immer noch leicht zitternd, aus meinem Nest. Als ich an Richard vorbei ging, schaute er mich an, streichelte mir sanft übers Haar und flüsterte: „Wenn du nicht schlafen kannst, weißt du ja, wo wir sind, und darfst ruhig zu uns kommen." Ich konnte tatsächlich lange nicht einschlafen. Doch ich blieb in meinem Bett, da ich nicht als Feigling dastehen wollte.

Am nächsten Morgen weckte mich der kleine Norbert wie so oft und kroch zu mir unter die Bettdecke. Er schaltete den Radiowecker ein und wir dösten bei leiser Musik, bis auch Simon zu uns kam. Nicht selten endete das Ganze in einer lustigen Kissenschlacht ... Als wir schließlich alle Frühstückshunger bekamen, zogen wir los, um Claudia und Richard zu wecken.

Einige Wochen danach baten sie mich wieder, bei ihnen zu übernachten, da sie zu einer Feier eingeladen waren. Da ich mich immer noch allzu gut an den Horrorfilm erinnern konnte, war ich fest entschlossen, diesmal früher ins Bett zu gehen. Nachdem die Jungs eingeschlafen waren, ging ich daher also gleich ins Bad und putzte mir schon mal die Zähne. Ich zog mir, wie üblich, auch gleich mein Nachthemd über und machte es mir dann im Wohnzimmer bequem. Auf diese Weise brauchte ich nach der Sendung nur noch in mein Bett zu schlüpfen. Doch es sollte ganz anders kommen.

Kurz nach 22 Uhr hörte ich jemanden zur Tür herein kommen. Verwundert sah ich, dass Richard leise das Wohnzimmer betrat: „Na, du schaust dir hoffentlich nicht wieder einen Gruselfilm an?" Die Sendung war gerade zu Ende und ich stand auf: „Nein, nein, ich wollte sowieso gerade ins Bett gehen. Du hättest deshalb nicht extra kommen müssen. Hier ist alles in Ordnung, du kannst gerne wieder zur Feier gehen." Ich schaltete den Fernseher aus und war im Begriff, den Raum zu verlassen.

Da trat mein Onkel dicht an mich heran, blickte mich ganz sonderbar an und meinte, er würde hier bleiben, er hätte sich von der Frauenrunde unter dem Vorwand, Kopfschmerzen zu haben, verabschiedet. Er dämpfte seine Stimme, als wollte er vermeiden, dass die Jungs etwas hörten. Doch sie schliefen längst tief und fest.

„Du kannst gerne noch etwas bei mir hier bleiben und es dir gemütlich machen", flüsterte er und nahm dabei mein Gesicht in seine Hände. Ich verstand nicht, was das überhaupt sollte, und gab ihm zu verstehen, dass ich müde war. Er lächelte mich an, als wollte er mir sagen, dass er das nicht glaubte: „Du bist sonst doch auch immer länger aufgeblieben, also macht es heute genauso wenig aus. Claudia wird sowieso erst viel später kommen, da sie sich wunderbar amüsiert. Folglich können wir es uns noch nett machen.“ Seine Stimme war sehr bestimmt. Ich hatte den Eindruck, dass er keinen Einwand zulassen würde. Ich entzog ihm mein Gesicht und wollte gehen. Da hielt er mich am Arm fest und sagte mit Nachdruck: „Hab dich nicht so! Ich will dir doch nichts Böses. Du bist sonst ja auch immer nett zu mir.“

Richard verlangte, dass ich mein Nachthemd ausziehen sollte, da er einfach nur meine nackten Brüste sehen wolle. Er meinte, dass sie sich immer so verlockend unter meiner Kleidung abzeichnen würden und ihm Claudia einen solchen Anblick nie bieten könne, da sie „flach wie ein Brett“ sei. Es sei auch nichts dabei und ich könne dann immer noch schlafen gehen. Ich fühlte mich absolut unwohl bei diesem Gedanken und zögerte. Er ließ mich nicht los und sah mich erwartungsvoll an. Er trat einen Schritt zur Seite, verstellte mir so den Weg zur Tür und forderte ungeduldig: „Jetzt mach schon. Was ist denn schon dabei? Wenn du in der Schule duschst, sehen dich die anderen doch auch nackt. Ich bin immerhin dein Onkel, da bleibt es in der Familie.“ Er fasste mein Nachthemd und zog es langsam nach oben. Eine innere Stimme sagte mir: „Wehr‘ dich!“, doch ich hatte keine Ahnung wie. Als er mir das Nachthemd schließlich ganz ausgezogen hatte, blickte ich beschämt zu Boden. Ich nahm es ihm ab und hielt es vor meinen Schambereich. Zart berührte er mit seinen Händen meine Brüste und begann dabei schwer zu atmen. Er flüsterte dicht an meinem Ohr: „Oh, die sind wunderschön, deine Haut ist noch so zart. Lass sie mich ein wenig liebkosen.“ Er kam immer näher, drängte mich Schritt für Schritt zurück, bis ich direkt vor dem breiten Sofa stand. Ich sagte mit erstickter Stimme: „Du sagtest doch, ich darf dann gleich schlafen gehen?“ „Ja, das kannst du auch. Leg dich einfach auf die Liegewiese hier. Da ist es ganz gemütlich und warm“, war seine Antwort. Mit einer Hand fasste er mir unters Kinn, um mich zu küssen. Er roch ekelhaft nach Bier.

Dann drückte Richard mich auf das Sofa, zog sich schnell aus und legte sich neben mich. Mit einem Griff um meine Brust zog er mich nach hinten, sodass ich schutzlos vor ihm lag. Mein Nachthemd schob er fort. Als er sein erigiertes Glied an mich drückte, erfasste mich Panik. Als ich laut sagte: „Lass mich, ich will das nicht!“, legte er mir seine Hand auf den Mund und drohte mir, leise zu sein. „Sei still und weck ja nicht die Jungs auf. Was sollen die sich denn denken, wenn sie dich hier so sehen? Dann erzählen die noch was ihrer Mutter.“ Dann beschäftigte er sich wieder mit meinen Brüsten.

Ich wollte nur noch weg! Instinktiv fühlte ich, dass alles, was hier geschah, nicht richtig war. Ich fühlte mich hilflos und absolut unwohl. Ich versuchte aufzustehen, doch er hielt mich sofort fest und setzte sich kurzerhand auf meinen Bauch: „Wenn du so weiter machst, dann findet dich Claudia hier so. Das wird ihr bestimmt nicht gefallen und eure Freundschaft wäre aus!“ Er machte klar, dass *ich* am Ende an allem schuld sei. Claudia sei schließlich seine Frau und würde ihm mehr glauben als mir.

Immer mehr wurde mir bewusst, dass mein Widerstand zwecklos war. Körperlich war er mir ohnehin weit überlegen. Als er mich wieder küssen wollte, drehte ich meinen Kopf zur Seite. Das half mir jedoch wenig, denn er gab sich erst zufrieden, als er seinen Penis zwischen meinen Brüsten zum Erguss gerieben hatte. Bevor er mich gehen ließ, hielt er mein Gesicht fest und warnte mich noch einmal nachdrücklich davor, irgend jemandem etwas davon zu erzählen. Er würde dafür sorgen, dass man mir ohnehin keinen Glauben schenken würde. Ich musste ihm versprechen, zu schweigen.

Zutiefst beschämt stürzte ich ins Bad. Alles an mir ekelte mich, vor allem der Geruch. Ich wusch mich so fest, dass meine Haut ganz rot wurde. Irgendwie wollte ich das eben Erlebte wegwaschen, wollte es ungeschehen machen. Im Bett zog ich mir dann die Decke über den Kopf und weinte mich in den Schlaf. Ich hoffte so sehr, dass am nächsten Tag alles wie fortgewischt sein würde.

Richards durchdringende, ermahnende Blicke am Frühstückstisch machten mir klar, dass dieser Wunsch nicht wahr wurde. Dieser Horror war kein böser Traum gewesen.

Albtraum ohne Ende

Ich überlegte angestrengt, wie ich es vermeiden könnte, wieder in eine solche Lage zu kommen. Wenn ich bei der nächsten Anfrage zum Babysitten einfach absagen würde, würden meine Mama und Claudia sicher den Grund dafür wissen wollen. Was sollte ich ihnen dann sagen? Dass Richard meine Brüste liebte, weil ihm Claudia viel zu „flach" war? Das würde sie sehr verletzen, und ich mochte Claudia von all meinen Tanten am liebsten.

Richard würde es ganz sicher so hindrehen, als wäre ich die Schuldige. Das hatte er mir unmissverständlich zu verstehen gegeben. Meine Miniröcke und meine kokette Art hätten ihn verführt und ich hätte es darauf angelegt, so würde er es dann hinbiegen. Nein, ich wollte auf keinen Fall als Flittchen dastehen. Sagte meine Mama nicht oft genug, ich würde wie meine leibliche Mutter eine Hure? Demnach hätte ich das ja in den Genen und gar keine andere Wahl.

Eine Ausrede, dass ich nun plötzlich keine Zeit mehr hätte und für die Schule lernen müsse, würde mir auch kaum jemand abnehmen. Schließlich konnte ich auch bei ihnen lernen. Es würde sowieso allen eigenartig vorkommen, wenn ich plötzlich nicht mehr babysitten wollte, wo ich bisher doch immer gerne geholfen hatte. Meine Oma würde sich über mein Fernbleiben und seltenere Besuche bei ihr wundern.

Was blieb mir anderes übrig, als zu hoffen, dass so etwas einfach nicht mehr vorkommen würde? Vielleicht hatte Richard sich ja auch besonnen!

Ich hatte Angst vor dem nächsten Job als Kindermädchen.

Schon bald war es soweit. Ich bemühte mich, mir nichts anmerken zu lassen. Claudia gegenüber verhielt ich mich wie immer. Nur Richard versuchte ich aus dem Weg zu gehen. Je später es am Abend wurde, umso unruhiger wurde ich. Ich beeilte mich, nach dem Fernsehen ins Bett zu kommen, und lauschte dann lange, ob ich auch ja keine Schritte auf dem Weg zu mir hörte. Irgendwann schlief ich ein.

Am nächsten Morgen war ich froh, dass meine Angst umsonst gewesen war. Ich blickte Richard forschend an, doch er ließ sich nichts anmerken. Ob er einfach vergessen hatte, was in jener Nacht geschehen war?

Über ein Jahr gab es viele Gelegenheiten, an denen Richard und Claudia meine Hilfe in Anspruch nahmen. Ein bis zweimal im Monat passte ich auf ihre Jungs auf, während sie aus gingen.

Bald erfuhr ich, dass Richard mich immer wieder benutzen würde. Er begnügte sich nicht mehr damit, sich an meinen Brüsten zu ergötzen, sondern nötigte mich immer häufiger zu weiteren sexuellen Handlungen. Eines Tages wollte er mir „zeigen, wie es ist, eine Frau zu sein". Er achtete darauf, an meinem Körper keine sichtbaren Spuren wie Blutergüsse oder ähnliches zu hinterlassen. Er drängte sich gewaltsam zwischen meine Schenkel und führte dann seinen Penis langsam, aber unaufhaltsam in mich ein. Es tat sehr weh. Ich hatte das Gefühl, als würde ich von einem viel zu großen Ding gepfählt. Doch er meinte nur: „Beim nächsten Mal tut es dir nicht mehr weh, dann wird es dir gefallen."

Ich fühlte mich jedoch aller Würde beraubt und furchtbar beschmutzt, gegen meinen Willen benutzt. Alles Waschen half nichts. Ich konnte mich von dieser Schande, dem Gefühl, ein Gegenstand zu sein, den man jederzeit besudeln und wegwerfen konnte, nicht reinigen. Weder den Geruch an meinem Körper noch die Erinnerung konnte ich abwaschen!

Würde dieser Albtraum für mich jemals ein Ende haben? Es gab keinen Ausweg für mich. Ob ich wollte oder nicht, ich musste schweigen. Schließlich sollte sich mein Vater nicht wegen mir schämen müssen. Allein der Gedanke daran tat weh. Er hielt so viel von mir und war zudem ein geachteter und beliebter Mann.

Als ich mit meinen Tanten wieder einmal beim Tee beisammen saß, meinte Claudia, dass ich ihnen kaum noch etwas erzählen würde. Lore fragte nach, ob es vielleicht einen Jungen gäbe, in den ich mich verliebt hätte. Ich gab lediglich zur Antwort, dass es nichts Neues gäbe und mein Leben immer gleich langweilig verliefe. Sie begnügten sich zu meiner Erleichterung damit und bohrten nicht weiter. So kam ich drum herum, meine Schande preiszugeben. Sie meinten, dass Geheimnisse in meinem Alter normal seien.

Eines Tages schenkte Lore mir ein hübsches Tagebuch mit Schloss. Ich freute mich darüber und nutzte es häufig, um mir so manchen Kummer von der Seele zu schreiben. Über die Vorfälle mit Richard schrieb ich jedoch keine einzige Zeile. Niemals sollte jemand von dieser Schande und Entwürdigung erfahren.

Benutzt werden

Am schlimmsten war eine Vergewaltigung durch Richard bei einem Fest in unserer Stadt. Da waren wohl so ziemlich alle Leute, die man so kannte. Es gab viele Stände und Musik. Ich war natürlich mehr mit Gleichaltrigen unterwegs als mit meiner Verwandtschaft.

Als mir am späten Abend kühl wurde, wollte ich zum Haus meiner Tante gehen, um mir einen Pullover zu holen. Ich war alleine unterwegs, da kam mir Richard – ebenfalls alleine – unterwegs. Sein Blick verhieß nichts Gutes. In mir stieg die übliche Angst hoch. Und doch dachte ich, hier draußen könne mir nichts geschehen. Richard fasste mich hart am Oberarm und befahl: „Komm mit." Er zog mich eilig weg, hinter die Häuser. Nachdem er sich umgeschaut hatte, zerrte er mich in eine dunkle Ecke. Ich versuchte mich zu wehren, hielt meine Hose fest und sagte mit erstickter Stimme: „Bitte nicht! Ich hab doch meine Tage." Er lachte nur kalt: „Um so besser, dann wirst du wenigstens nicht schwanger." Schnell zog er mir die Hose hinunter und fasste mir zwischen die Beine. Ich trug einen Tampon, den er mit einem Ruck am Faden herauszog und wegwarf. Meine Kehle war wie zugeschnürt. Selbst wenn ich den Mut gehabt hätte zu rufen, es wäre mir unmöglich gewesen. Ich hatte Angst, dass mich jemand so sehen könnte. Ich verstummte. Richard drehte mich mit dem Gesicht zur Wand und benutzte mich hart und erbarmungslos. Danach ließ er mich einfach stehen und ging wieder zurück auf das Fest.

Hilflos stand ich da, verschmutzt, der Öffentlichkeit preisgegeben. Das bisschen Würde, das ich vielleicht noch gehabt hatte – nun war ich auch dessen beraubt. Ich empfand eine zerstörende Scham und Ekel.

An meinen Beinen rann sein Sperma, vermischt mit meinem Blut, hinunter. Ich zog mich zitternd an und beeilte mich, möglichst ungesehen in das Haus meiner Tanten zu kommen. Nie zuvor hatte ich seine Demütigungen so verletzend empfunden wie dieses Mal. Es hätte uns jederzeit jemand entdecken können! Ich senkte den Blick, wenn mir jemand begegnete, und hoffte, dass man mir nichts ansah von dem Blut. Genauso wenig wollte ich, dass man meine Tränen und die Hoffnungslosigkeit in meinen Augen sah. Wenn es doch nur ein Erdloch gegeben hätte, in dem ich versinken und sterben könnte! Als ich endlich im Bad ankam, wusch ich mich wieder intensiv, aber auch diesmal half alles Reiben nichts.

Meine Seele blieb zerbrochen. Der Geruch klebte in meinen Poren. Und die Bilder dieser entsetzlichen Augenblicke erloschen nicht.

Ich wartete, bis meine Eltern mich abholten. Ich setzte mich hinter das Haus und weinte.

Wem kann ich mich anvertrauen?

Immer mehr wurde ich zur Einzelgängerin. Andere Mädchen in meinem Alter kamen mir häufig kindisch vor. Eine beste Freundin, der ich mich anvertrauen könnte, hatte ich nicht. Wir spielten Völkerball, „Versteinern" oder Verstecken. Doch wenn ich beim Spiel „Versteinern" stehen bleiben musste, weil ich erwischt worden war, fühlte ich mich zur Schau gestellt. Spielten wir Verstecken, suchte ich mir immer einen Platz, wo man mich wirklich kaum finden konnte.

Ich wollte nicht gefunden werden. Ich wollte mich verkriechen und einfach meine Ruhe haben.

Wolfgang, ein älterer Cousin von mir, wohnte mit seiner Familie in der Nähe. Immer häufiger kehrte ich während meiner Radtouren bei ihnen ein. Mit seinen beiden kleinen Jungs spielte ich gerne, und so hatte ich lustige Stunden dort. Wolfgang war beruflich sehr eingespannt und hatte wegen des Hausbaus auch finanzielle Sorgen. Er und seine Frau Iris wurden in der Verwandtschaft irgendwie argwöhnisch betrachtet. Ich merkte zwar, dass man Iris eher ausschloss und sie nicht so gerne bei Familienfesten gesehen wurde. Doch den Grund dafür kannte ich nicht. Mir gegenüber verhielt sie sich immer freundlich. Genauso wie die Jungs freute sie sich, wenn ich sie besuchen kam. Wir tranken oft Tee oder Kaffee miteinander und wuchsen auf diese Weise zusammen.

Iris schien von Männern nicht viel zu halten und war der Meinung, sie seien nur an Sex interessiert. Allmählich sah ich das genauso. So wie mir manchmal vorgeworfen wurde, die Gene einer Hure in mir zu tragen, hielten scheinbar manche aus unserer Verwandtschaft von Iris auch nicht viel mehr. Das machte uns irgendwie zu Seelenverwandten.

Da Wolfgang manchmal auch über Nacht nicht nach Hause kam, Iris aber abends zur Arbeit ging, versorgte ich von Zeit zu

Zeit die beiden Kleinen, brachte sie ins Bett und übernachtete dann auch dort.

Meiner Mama gefiel es nicht besonders, wenn ich bei Wolfgang und Iris war. Sie hatte Angst, dass Iris mich negativ beeinflusste. Wenn ich sie dann verteidigte, löste das nur weitere Streitigkeiten aus. Letzten Endes fuhr ich dadurch noch lieber zur Familie meines Cousins.

Wenn Wolfgang zu Hause war, alberte er gerne mit seinen Söhnen herum und bezog mich dabei mit ein. Wenn er mich durchkitzelte und ich mich dagegen wehrte, kam es hin und wieder vor, dass er mich in eine Lage brachte, in der ich mich kaum noch rühren konnte. Scheinbar ungewollt berührte Wolfgang mich bei solchen Rangeleien auch an der Brust. Äußerst unangenehm war es mir, wenn ich am Boden unter ihm lag und er meine Arme festhielt. In solchen Sekunden fühlte ich instinktiv, dass er mich nicht mehr als kleines Mädchen sah, sondern herausfinden wollte, wie weit er wohl gehen könnte. Erleichtert konnte ich solch heiklen Situationen entkommen, wenn sich die Jungs dann auf ihren Vater stürzten und mir zu Hilfe eilten.

Keiner von uns verlor je ein Wort darüber. Bildete ich mir das alles nur ein? Wolfgang war doch mein Cousin und bestimmt nicht so wie mein Onkel Richard?

Eines Abends, als ich wieder einmal bei ihnen übernachtete und Iris in der Arbeit war, kam Wolfgang unerwartet nach Hause. Wie befürchtet, musste ich tatsächlich erleben, dass auch er mich vergewaltigte. Ich fühlte mich dabei ebenso hilflos wie gegenüber Richard und ließ alles über mich ergehen.

Zutiefst enttäuscht, überlegte ich in dieser Nacht, wie ich mir einen zweiten derartigen Ort ersparen könnte. Am nächsten Morgen verkündete ich dann, dass ich wohl zum letzten Mal hier gewesen sei, da Mama sehr erbost darüber sei und es mir verboten hätte. Jedes Mal, wenn ich mich darüber hinwegsetzte, hätte ich noch mehr Probleme zu Hause. Iris bedauerte dies zwar, konnte mich aber auch verstehen und wünschte mir alles Gute.

Zum ersten Mal kam mir die Strenge meiner Mutter entgegen und ich konnte mit dieser Halbwahrheit vermeiden, hier weitere sexuelle Übergriffe zu erleben.

Nun hatte ich aber niemanden mehr, dem ich mich zumindest ein wenig anvertrauen konnte. Da ich relativ religiös erzogen worden war und jeden Sonntag in die Kirche gehen musste, fing ich an, zu Gott zu beten. Tausende Male fragte ich ihn, wieso er das alles zuließ. Wollte Gott mich vielleicht bestrafen, und wenn ja, wofür? In der Meditation und durch Yoga-Übungen versuchte ich, zur inneren Ruhe zu finden. Aber all diese Versuche wurden stets durch den nächsten sexuellen Übergriff meines Onkels zunichte gemacht.

Es gab keinen Menschen, dem ich mich hätte anvertrauen können. Und alleine konnte ich mir nicht helfen.

Wer liebt mich, wie ich bin?

Ich fühlte mich einsam und ungeliebt. Wozu sollte mein Leben eigentlich noch gut sein, wenn mich eh keiner liebte? Ich hatte zwar alles, was man zum Leben benötigte, und musste mir keine Sorgen darum machen. Aber in mir war eine Leere, eine Sehnsucht nach echter Liebe und Geborgenheit. Ich hasste es, wenn jemand nur meinen Körper mochte. Gab es jemanden, der mich als Mensch lieben würde?

In unserer direkten Nachbarschaft gab es eine Drechslerei. Dort arbeiteten ein Meister mit Anfang zwanzig, ein Geselle und ein Lehrling. Zur Brotzeit saßen sie meistens neben der Werkstatt in der Sonne. Von unserem Garten aus konnte ich sie dort immer sehen. Kam ich erst abends von der Schule nach Hause, begegneten wir uns öfter, wenn sie gerade Feierabend hatten. Jedes Mal grüßten sie mich freundlich, Franz, der Lehrling schenkte mir stets ein Lächeln. Er gefiel mir und ich fühlte mich bald zu ihm hingezogen. Ich ertappte mich dabei, dass ich schon nach Gelegenheiten suchte, ihn zu treffen, und freute mich über jede kleine Aufmerksamkeit seinerseits. Irgendwann verabredeten wir uns heimlich. Meiner Mama sagte ich, dass ich joggen gehen würde. Mein Herz schlug heftig. Würde Franz ebenso empfinden?

Am vereinbarten Ort traf ich ihn allerdings nicht alleine an – seine beiden Arbeitskollegen waren ebenfalls anwesend. Meine Enttäuschung ließ ich mir nicht anmerken. So liefen wir ein Stück zu viert den Waldweg entlang. Der Meister und der Geselle gingen voraus, während Franz neben mir blieb. Wenigstens konnten wir beide uns so unterhalten.

An einem Heustadel blieben sie stehen und meinten, dass wir dort drinnen ungestört wären und ich mir sicher sein könnte, dass mich dort niemand mit ihnen entdecken würde. Verunsichert willigte ich ein, obwohl ich kein gutes Gefühl dabei hatte. Peter, der Meister, war sehr dominant und hatte das Sagen. Er schickte Franz hinaus, um aufzupassen. Als ich ihm sagte, dass ich eigentlich mit Franz zusammen sein wollte, antwortete er nur, dass ich nachher dazu noch Gelegenheit hätte, aber auch sie beide etwas Spaß mit mir haben wollten. Ich war so enttäuscht von der ganzen Situation und dass meine Hoffnung umsonst gewesen war, dass mir nun alles egal war. Hier hatte ich also eine weitere Bestätigung, dass Männer einzig auf ihr sexuelles Vergnügen aus waren.

Peter schubste mich ins Heu und zwang mich brutal, ihn oral zu befriedigen. Ich bekam kaum Luft. Voller Ekel hoffte ich, dass es bald vorbei sein würde. Je mehr ich würgen musste, umso mehr schien es ihm zu gefallen. Kaum war er fertig, verging sich der Geselle an mir. Peter blieb daneben stehen und feuerte ihn an. Als die beiden endlich fertig waren, holten sie Franz herein. Er versuchte, nett zu mir zu sein, und entschuldigte sich. Angeblich hatte er nicht gewollt, dass die beiden mitkamen. Aber verhindert hatte er es auch nicht.

Ich fühlte mich betrogen und beschmutzt, wie ein dreckiger Lappen. So rasch ich konnte, lief ich nach Hause, damit meine Mama keinen Verdacht schöpfte. Die Enttäuschung schmerzte mich zutiefst. Meine zerzausten Haare strich ich mir, so gut es ging, zurecht und wischte mir fortlaufend die Tränen aus dem Gesicht. Wenn Mama nur den geringsten Verdacht schöpfen würde, würde ich mir wieder anhören müssen, eine Hure zu sein. Allmählich glaubte ich selbst, dass sie damit Recht hatte.

Zu Hause verkroch ich mich sofort in mein Zimmer. Ich drückte mein Gesicht in das Kopfkissen und weinte lange. Gab es denn keinen jungen Mann auf dieser Welt, der mich einfach so lieben konnte, ohne immer zuerst seine Lust im Kopf zu haben? War ich wirklich zu nichts anderem geboren?

Es war für mich wie eine seelische Ohrfeige. Von da an versuchte ich, den Dreien aus dem Weg zu gehen, und sagte kein Wort mehr, wenn sie mich ansprachen und mich wieder zu einem Treffen animieren wollten.

Ich begann, meinen Körper zu hassen und fügte mir selbst Schmerzen zu. Mit Wäscheklammern versuchte ich meine Vagina zu verschließen. Ich wollte alle Gefühle im Intimbereich töten! Das misslang mir jedoch gründlich, die stechenden Schmerzen wühlten mich nur noch mehr auf. Einzig das Gefühl, mich selber zu bestrafen, verschaffte mir ein klein wenig Zufriedenheit. Unter der Dusche versuchte ich weiter, mit extrem heißem Wasser jede Empfindung zu töten. Ich dachte, wenn ich mich verbrühte, wären die Gefühle endgültig tot. Es brannte furchtbar. Nach einer Weile fühlte sich alles ganz taub an, aber nach Tagen war auch das wieder weg und das normale Empfinden kehrte zurück.

Ich wollte doch nur, dass ich nichts mehr fühlen musste, wenn mich mein Onkel wieder benutzen würde! Es musste doch einen Weg geben, wie ich meine Seele davor schützen konnte. Ich versuchte, meine Gefühle bei seinen sexuellen Übergriffen zu ignorieren.

Ob Gott helfen kann?

Meine Firmung stand bald an. Nach der Erstkommunion werden die Kinder in der römisch-katholischen Kirche ja zur Teilnahme an der Kommunion zugelassen. Bei der Firmung, einer besonderen Ölung, empfängt man nach Auffassung der Kirche dann den Heiligen Geist. Zur Vorbereitung besuchte auch ich den Firmunterricht. Viele meiner Fragen konnte mir dabei nicht einmal unser Pfarrer beantworten.

Zur Firmung selbst kam dann ein hoher Würdenträger der Kirche, ein alter, freundlicher Mann, der eine besondere Würde und Vertrautheit ausstrahlte. In meiner Verzweiflung schrieb ich ihm eines Tages einen Brief. Ich war mir schon unsicher, ob er ihn überhaupt erhalten würde, und noch mehr, ob ich eine Antwort bekommen würde. Doch bereits nach wenigen Wochen hielt ich einen Brief von ihm in den Händen. Ich war erstaunt und glücklich zugleich. Seine Worte berührten mich sehr und er schien echtes Interesse an meinen Nöten zu haben. So begann eine längere Brieffreundschaft mit diesem ehrwürdigen Mann. Auf meine Frage, ob Gott womöglich möchte, dass ich in ein Kloster ginge, riet er mir davon ab. Er schloss mich in seine Gebete ein, was mir Hoffnung schenkte.

Einige Jahre später, als mein Leben noch weiter erschüttert werden sollte und ich meinen Glauben und die Hoffnung verlor, hörte ich auf, ihm zu schreiben. Ich erwartete mir keine Hilfe mehr von Gott.

Als wir im Advent in der Schule einander Wichtelgeschenke überreichten, ging tatsächlich mein Wunsch in Erfüllung und ich erhielt eine Luther-Bibel mit Ledereinband und Goldschnitt. Nun konnte ich die Geschichte von Gott selbst lesen. Am selben Abend schlug ich dieses besondere Buch auf und begann zu lesen. Der Schöpfungsbericht und einige Stellen in den Büchern Mose waren recht interessant, aber eigentlich wollte ich etwas über Jesus lesen.

Ich begann öfter zu beten, schüttete dabei mein Herz aus und erhoffte mir, dass etwas geschehen würde, was mich aus den Fängen meines Onkels befreien würde. Ich fasste Mut und wagte es, dem Erzbischof in Briefen ganz vertraulich zu berichten. Seine Antworten ermutigten mich meist, weiter auf Gott zu vertrauen. Als ich dann in der Bibel beim Buch der Könige angelangt war, legte ich sie enttäuscht zur Seite, da ich zum einen kaum etwas verstand und zum anderen bis dahin immer noch nichts von Jesus gefunden hatte.

Der Albtraum mit meinem Onkel Richard änderte sein Gesicht durch all das Lesen, Briefe schreiben und Beten leider auch nicht. So begann ich wieder, Gott Vorwürfe zu machen. Oft weinte ich vor dem Einschlafen in meinem Bett in meiner Einsamkeit und Verlassenheit. Meine Hoffnung schwand immer mehr und ich blieb einsam.

Wenn ich bei meiner Tante war, ging ich immer häufiger alleine an unseren Fluss und saß dort stundenlang auf einer Bank. Manchmal hatte ich ein Buch zum Lesen dabei. Ich beobachtete andere Leute oder auch die Jungs am anderen Ufer beim Bau ihres Baumhauses. Als sie damit fertig waren, luden sie mich zu ihrer Einweihungsfeier ein. Sie erlaubten mir, in ihre Hütte zu gehen, wenn sie mal nicht hier wären und ich ein Plätzchen suchte, um alleine zu sein.

Freiwild

1984. Ein herrlich warmer Frühsommertag. Ich saß mit einem Liebesroman in der Hand auf der Bank am Fluss. Die Sonne strahlte mich an und wärmte mich wohlig.

Plötzlich stand ein junger Jugoslawe vor mir und lächelte mich an: „Ich hab dich schon öfter gesehen, wenn du aus der Schule kommst und an der Bushaltestelle wartest. Ich gehe nebenan auf die Fachschule." Ich war nicht sonderlich an einem Gespräch interessiert, brummte nur: „„Aha". Ihm schien meine wortkarge Art nichts auszumachen, denn er erzählte weiter von sich. So erfuhr ich, wo er wohnte und dass er den schwarzen Gürtel in Karate erworben hatte. Als wäre es das Normalste der Welt, setzte er sich neben mich. Ich fand ihn aufdringlich und überlegte, wie ich ihn loswerden könnte. Da fiel mir das Baumhaus ein.

Kurz entschlossen verabschiedete ich mich mit den Worten: „Tschau, ich muss los", und begab mich auf die schmale Brücke über den Fluss. Ich blickte zurück, um mich zu vergewissern, dass er mir nicht folgte. Erleichtert sah ich ihn auf der Bank sitzen. Dann lief ich den unscheinbar verborgenen Trampelpfad bis zum Baumhaus. Bevor ich hinaufkletterte, hielt ich kurz inne, sah mich um und lauschte. Außer den Vögeln im Wald und dem Rauschen des Wassers konnte ich nichts hören. Oben angelangt, lehnte ich mich an die Wand und las weiter.

Das Knicken eines Astes störte die Stille. Gespannt lauschte ich. Nichts! Ich schielte durch die Ritzen der Bretter hinunter: keine Menschenseele. Nach einer Weile hörte ich Schritte. Mein Herz begann zu rasen, als ich spürte, dass sich jemand am Baum zu schaffen machte. Dann kam auch schon ein dunkler Kopf zum Vorschein. Es war der Jugoslawe von vorhin! Er sah sich um und meinte: „Da hast du dir ein nettes Plätzchen ausgesucht!" Mir verschlug es die Sprache, ich sah ihn ängstlich an. Als er meinte, dass wir hier schön ungestört wären, war mir klar, dass ich in der Falle saß. Woher wusste er bloß, dass ich hier war?

Mit angezogenen Beinen saß ich ganz in der Ecke. Er wollte mich küssen, doch ich drehte mich weg. Mit erstickter Stimme sagte ich: „Lass mich doch einfach in Ruhe!“ Er lachte nur und sagte: „Hab dich nicht so. Du willst doch von mir gefickt werden. Wieso wärst du denn sonst hierher gekommen?“ „Nein! Ich will das nicht!“, erwiderte ich. Nun packte er mich fest entschlossen und drehte mich auf den Rücken: „Das sagt ihr doch alle!“ Ich drehte mich hin und her und begann zu zappeln. Er herrschte mich an, ich solle still halten. Ich hatte wenig Hoffnung, dass mich hier jemand hören würde, dennoch schrie ich um Hilfe. Der Kerl grinste mich nur an und sagte: „Schrei ruhig. Du vergeudest damit nur deine Energie. Und wenn du meinst, weiter so zappeln zu müssen, kannst du auch mal meine körperliche Überlegenheit zu spüren bekommen.“

Als nach einer Weile meiner Hilferufe immer noch alles ruhig blieb, gab ich auf. Ich fühlte mich absolut machtlos. In der Zwischenzeit hatte er meine Brüste freigelegt und machte sich an meiner Hose zu schaffen. Ich versuchte, ihm zu entkommen, doch er packte mich an den Knöcheln. Dann fasste er meine Arme und drückte sie fest auf den Boden. Ich jammerte wegen der Schmerzen, Tränen der Verzweiflung stiegen mir in die Augen. Er sah mich mit zusammengekniffenen Augen an und sagte entschlossen: „Es liegt an dir. Wenn du so weiter machst, wird es noch wesentlich ungemütlicher für dich.“ Meine Angst, dass er mich womöglich schlagen würde, war zu groß. Ich ergab mich in mein Schicksal und ließ meinen Widerstand sinken.

Als er mich hart vergewaltigte, schloss ich meine Augen und versuchte, mich von den Empfindungen der Demütigung abzukapseln. Sein Gestöhne ekelte mich richtig an. Sobald er fertig war, hockte er sich neben mich und schloss seine Hose. Ich zog mich an und beeilte mich, von der Hütte hinunter zu kommen. Ich wollte nur noch weg. Der Jugoslawe folgte mir und holte mich ein. Er ging neben mir her und meinte, ich solle nicht so laufen. Ich schluchzte: „Hau bloß ab und lass mich in Ruhe!“ Er hielt mich fest, blieb stehen und blickte mich an, als verstünde er gar nichts. Langsam schüttelte er den Kopf und schien zu begreifen, dass es für mich kein Spiel war und er mich verletzt hatte. Ich riss mich los und lief weiter über die Brücke zurück zu meinem Fahrrad. Endlich konnte ich ihn abhängen und war ihn los.

Zu Hause angekommen, wurde ich sofort von Mama zur Rede gestellt. Sie warf mir vor, mich am Fluss wie eine Hure vergnügt zu haben. Ich war schockiert und fragte verwundert, woher sie überhaupt etwas wusste. Sie verkündete mir, dass sie überall Leute kenne, die sie auf dem Laufenden hielten. Heute hätte sie einen Anruf von einer Frau bekommen, die oberhalb des Waldstückes wohnte und beobachtet hätte, wie ich dort „Sex gehabt" hätte.

Ich war erbost – wenn diese Frau wirklich in der Nähe gewesen war, wie sie behauptete, dann hätte sie mir doch auch helfen können. Stattdessen rief sie meine Mutter an und erzählte ihr eine Lüge! Ich versuchte meiner Mama klarzumachen, dass ich vergewaltigt worden war und um Hilfe gerufen hatte. Doch sie glaubte dieser Frau mehr als mir und schickte mich in mein Zimmer. Das versetzte meinem Herzen einen furchtbaren Stich. Ich konnte nicht fassen, was hier vor sich ging.

In meinem Zimmer sah ich lange in den Spiegel. Ich betrachtete mich und fragte mich, wo die Männer auf mir lasen: „Missbrauche mich!" War ich für sie denn einfach Freiwild?

In den folgenden Wochen sah ich diesen Jugoslawen öfter, wenn ich an der Bushaltestelle wartete. Auf dem Weg nach Hause kam er dort direkt vorbei. Jedes Mal erzitterte ich innerlich und sah ihn böse an. Er sollte meinen Hass ruhig offen sehen! Mit gesenktem Kopf ging er an mir vorüber.

Das Baumhaus besuchte ich nie wieder. Ich sah mich wieder einmal nach einem Ort um, wo ich mich sicher fühlen konnte. Meine Mama erwähnte davon auch nie mehr etwas.

Eines Tages bemerkte ich jedoch, dass mein Tagebuch anders in der Schublade lag, als ich es immer hinein legte. Bei dem

Gedanken, dass es jemand gelesen haben könnte, stieg Zorn in mir hoch. Ich wollte Gewissheit haben und befragte deshalb Mama. Sie gab sofort zu, darin gelesen zu haben, und meinte, dass sie enttäuscht wäre über die Dinge, die ich dort notiert hatte. Ich war furchtbar aufgebracht und ließ sie wissen, dass *ich* über diesen Vertrauensbruch absolut enttäuscht war. Es ging sie überhaupt nichts an, was ich dort hinein schrieb! Bald darauf entschloss ich mich, mein Tagebuch zu verbrennen und in Zukunft alle meine Nöte tief in mir zu begraben.

„Ich wäre dir gerne ein Freund …“

Als ich eines Tages alleine an der Bushaltestelle wartete, kam der Jugoslawe direkt auf mich zu. Angst befiel mich, als er vor mir stehen blieb. Er blickte mich unsicher an, suchte offenbar nach Worten. Dann nahm er seinen Mut zusammen: „Ich weiß, dass mir nichts zusteht, aber ich würde dich gerne bitten, mit mir einen Kaffee zu trinken. In einem öffentlichen Café, wo Leute sind, damit du keine Angst hast. Ich will nur mit dir reden.“ Ich schüttelte den Kopf und hoffte, dass er weitergehen würde. Er flehte mich an, doch wenigstens ein letztes Mal mit ihm zu reden. Ich überlegte hin und her. War ich in einem Café nicht wirklich sicher vor Übergriffen? Dann entschied ich mich, mitzugehen.

Dass dort tatsächlich eine Menge Leute saßen, gab mir Sicherheit. Wir bestellten und es dauerte eine ganze Weile, bis der junge Mann endlich Worte fand. Zaghaft versuchte er mir dann zu erklären, dass er wirklich davon ausgegangen war, dass ich „das im Baumhaus“ genauso gewollt hätte wie er. Deswegen sei er mir in den Wald gefolgt. Irgend jemand hätte ihm erzählt, dass viele Mädchen sich nur etwas zieren würden, aber eigentlich doch bereitwillig mitmachten.

Dass es für mich wirklich kein Spiel war, sondern eine schreckliche und entwürdigende Gewalttat, sei ihm erst im Nachhinein allmählich gedämmert. Seither könne er kaum noch schlafen und fühle sich elend bei dem Gedanken, was er mir angetan hatte. Er wisse, dass seine Tat unverzeihlich sei, doch er wolle mich um Vergebung bitten. „Ich hab meine Schuld erkannt und weiß, dass ich ein Dreckskerl bin. Bitte vergib mir! Meinst du, dass du das kannst?“

Ich sagte kein Wort. Seine Augen begannen sich indes mit Tränen zu füllen, die ihm dann übers Gesicht liefen. Ich sah ihm an, wie schwer es ihm fiel, und dass er es ernst meinte. Seine Bitte um Vergebung berührte mich. Damit hatte ich überhaupt nicht gerechnet. Ich war aufgewühlt. Gab es wirklich Männer mit Gefühlen? In mein Schweigen hinein beteuerte er, dass er alles dafür geben würde, um sein Vergehen an mir rückgängig zu machen. Er könne mit seiner Schuld nur schwer leben.

Ich war bereit, ihm zu vergeben. Er weinte vor Erleichterung und bedankte sich immer und immer wieder. Ich sah ihn eindringlich an und sagte: „Mach nie wieder den Fehler, dich über ein Nein hinwegzusetzen. Ein Nein muss man akzeptieren." Er nickte.

Zum ersten Mal in meinem Leben hatte mich jemand um Vergebung gebeten. Mir war noch gar nicht so richtig bewusst, was ich soeben getan hatte. Aber ich merkte, wie meine Gefühle begannen, sich zu verändern. Der Hass wich Erleichterung. Dieser junge Mann hatte mich gequält und sich an mir vergangen. Aber jetzt war er der Einzige, der mir das Gefühl gab, etwas wert zu sein. Es tat mir gut, darüber zu sprechen und vor allem, ihm tatsächlich zu vergeben. Dadurch war diese schreckliche Sache abgehakt!

Als wir uns verabschiedeten, sagte er: „Ich wünschte, wir könnten uns noch einmal neu begegnen, denn ich wäre dir gerne ein Freund, aber ich weiß, dass das nun unmöglich ist."

Von dem Tag an hatte ich keine Angst mehr, wenn ich ihn sah. Wir grüßten uns und manchmal lächelten wir sogar dabei. Jedes Gefühl von Hass und Bitterkeit gegen ihn war verschwunden.

Alleine

Neben dem häufigen Missbrauch durch meinen Onkel, den Streitereien mit Mama und den vielen Stunden des Lernens gab es auch schöne Momente. Dazu gehörte vor allem die Zeit, die ich mit meiner geliebten Oma verbrachte. Sie hatte ein liebevolles Herz und nahm mich oft in den Arm. Sie versuchte, mir die Augen für Probleme zu öffnen, oder brachte mir bei, wie sich eine Dame verhält. Von ihr erfuhr ich auch von den vielen Fehlgeburten meiner Mama. So änderte sich meine Einstellung ihr gegenüber und ich begann, mitzufühlen. Von diesen Schicksalsschlägen hatte ich nie etwas mitbekommen, da unsere Eltern ihre Probleme stets von uns fernhielten.

Ich liebte die ruhigen Abende bei meiner Oma im Wohnzimmer, wenn wir es uns gemeinsam unter einer Decke gemütlich machten. Wenn ich Kummer hatte, war sie die einzige Person, die mich in die Arme schloss und mir erlaubte, mich an ihrer Schulter auszuweinen.

Doch über den Missbrauch konnte ich mich auch ihr nicht anvertrauen. Diese Tränen weinte ich alleine in meinem Bett oder ins Fell des Schäferhundes Arko, den ich sehr liebte. Wenn ich mit ihm einen Spaziergang unternahm, mit ihm im Garten oder im Schnee herumtollen konnte, war ich glücklich. Ich fühlte mich von ihm verstanden, durch seinen treuherzigen Blick getröstet und wenn ich mich in seinem Fell vergrub und ihm von meinem Leid erzählte, wusste ich, dass er nichts verraten würde. Arko beschützte mich.

Dann erkrankte meine Oma an einem inoperablen Tumor im Kleinhirn. Es ging ihr rapide schlechter und bald bekam sie Morphium gegen die enormen Schmerzen. Damit waren die wunderschönen Stunden mit ihr vorbei. Zum Ende hin durften wir Enkelkinder sie auch nicht mehr besuchen, da man uns den Anblick ersparen wollte. Ihre Töchter pflegten sie abwechselnd zu Hause. In ihren letzten Lebenswochen konnte sie niemanden mehr erkennen, und immer mehr Lähmungen setzten ein. Eine

Woche vor meinem fünfzehnten Geburtstag starb sie, mit einundsechzig Jahren.

In den ersten Tagen konnte ich es gar nicht fassen. Es kam mir vor, als wäre sie nur eine Weile weggefahren und käme bald wieder zurück. Selbst als wir bei der Beerdigung hinter ihrem Sarg hergingen, kam es mir so vor, als wäre ich nur als Beobachterin dabei. Erst an meinem Geburtstag, als meine Oma mich nicht mehr in die Arme schloss, begann ich zu realisieren, dass ich sie für immer verloren hatte. Ich vermisste sie unendlich und fühlte einen tiefen Schmerz. Ich hatte die wichtigste Person meines bisherigen Lebens verloren. Wieder fragte ich: „Warum tut Gott mir das an? Wieso nimmt er mir ausgerechnet meine Oma?“ Nun hatte ich keinen Menschen mehr, der mich wirklich liebte und bei dem ich mich geborgen fühlte.

Dann wurde mein geliebter Schäferhund Arko bei einem Kampf verletzt und erblindete auf einem Auge. Richard, der ihn ohnehin nie sehr fürsorglich behandelt hatte, machte sich manchmal einen Spaß daraus. Als Arko aggressiv auf die Misshandlungen reagierte, ließ er ihn von einem Jäger regelrecht hinrichten.

Als ich davon erfuhr, war ich betroffen. Jetzt hatte ich noch einen treuen Freund verloren. Das konnte ich meinem Onkel nicht verzeihen. Ich ließ ihn wissen, dass ich ihn für einen Mörder hielt. Er lächelte nur: „Ich kann dir sein Fell ja gerben lassen, dann kannst du ihn dir als Teppich vors Bett legen.“ Mein Hass auf ihn wurde noch größer.

Mir blieb auch nichts erspart! Ich versank in Selbstmitleid und verschloss mich noch mehr. Immer weniger konnte ich diesem Leben etwas Schönes abgewinnen. Meine schulischen Leistungen fielen enorm ab. Mir war einfach alles nur noch egal. Ich kaufte mir einen Button mit der Aufschrift „egal“, den ich ständig an meiner Jacke trug. Wurde ich irgend etwas gefragt, meine Antwort war immer dieselbe: „Mir egal.“ Allmählich machten sich scheinbar zumindest meine Tanten Sorgen um mich. Aber selbst ihnen konnte und wollte ich mich nicht mehr öffnen. Meinen Kummer und meine Tränen verschloss ich in mir. Niemand erhielt Einblick in mein verletztes Herz. Alles erschien mir nur noch trostlos und öde. Die Schule und meine berufliche Zukunft waren mir ohnehin gleichgültig geworden. Am Ende hatte ich sogar zwei Fünfen im Zeugnis, wegen derer ich sitzen geblieben wäre. Kurzerhand meldete ich mich einfach von der Schule ab – ich hatte gerade das erste von drei Jahren auf einer Berufsfachschule hinter mir – und verbrannte alle Unterlagen.

Kapitel 3

Absturz

Meine erste Liebe

Meine Tanten wollten mich wieder einmal fröhlich erleben, darum luden sie mich zu einer Gartenparty bei ihnen ein. Von Lore erfuhr ich, dass sie einen Freund ihres Lebensgefährten Otto extra wegen mir eingeladen hatten. Er war allein und auf der Suche nach einer Freundin. Sie fanden, dass er zu mir passen würde und ein anständiger Kerl sei. Aber das war mir völlig egal. Da sie mich regelrecht bedrängten, sagte ich eben zu – letztlich war es ja auch egal, ob ich auf der Party oder zu Hause herumsitzen würde.

Am 13. Juli 1985 war es soweit. Bereits am Nachmittag fuhr ich zu meinen Tanten und half ihnen bei den Vorbereitungen für ihre Party. Ein wenig aufgeregt war ich nun doch, da sie mir schon einiges über Ottos Freund erzählt hatten. Er hieß Markus und arbeitete als Beamter bei der Bahn. Er hatte Abitur und war inzwischen sogar Ingenieur. Er war allerdings schon dreiundzwanzig, also acht Jahre älter als ich. Warum sollte Markus ausgerechnet an mir Interesse haben? Ich hatte gerade erst meine Schulausbildung hingeschmissen, war eher teilnahmslos und meine Eltern ließen mich so gut wie nie ausgehen. Ich konnte mir nicht vorstellen, dass er mich überhaupt beachten würde.

Die Zeit verging, dann bog ein Motorrad in die Einfahrt. Markus nahm seinen Helm ab und sah direkt zu mir. Wie angewurzelt blieb ich stehen und hatte nur noch Augen für ihn. Irgendetwas an ihm war anders. Im Laufe des Abends begeisterte ich mich immer mehr für ihn. Er hatte eine ruhige Stimme und eine sanfte Art. Er war wirklich nett und schien echtes Interesse zu haben. Gegen Mitternacht entschlossen wir uns zu einem kleinen Abstecher in seine Wohnung. Als ich auf sein Motorrad gestiegen war, nahm er meine Arme, legte sie um seine Taille und meinte: „Halt dich ruhig gut fest, schließlich will ich dich nicht verlieren." In seiner Nähe fühlte ich mich wohl und sicher. Markus war keine Sekunde aufdringlich. Um ein Uhr verabschiedeten wir uns und verabredeten uns für den kommenden Vormittag zu einem kleinen Motorradausflug.

Als würde ich schweben, glitt ich ins Haus. Im Treppenhaus begegnete ich Onkel Richard. Ich hielt seinem Blick stand, als hätte ich durch diesen Abend neuen Mut bekommen. Da wohl zu viele Leute auf der Party waren, ließ er mich an sich vorbei. Mit Schmetterlingen im Bauch schlief ich bald ein, voller Vorfreude auf den nächsten Tag.

Nach dem Frühstück wartete ich auf den Stufen vor der Eingangstür. Markus fuhr, wie abgemacht, vor und begrüßte mich lächelnd. Er reichte mir einen zweiten Helm und los ging's. Ich hielt mich an ihm fest, genoss jede Kurve. Wir verbrachten einen schönen Tag miteinander. Am liebsten hätte ich die Zeit angehalten.

Wir umarmten uns und Markus gab mir einen ersten Kuss. Er hielt mich fest, sah mir in die Augen und fragte: „Marina, willst du mit mir gehen?" Ich lächelte ihn glücklich an: „Wenn ich dir nicht zu jung bin, gerne!" Es kam mir zwar alles fast zu schnell vor, doch darüber wollte ich mir keine Gedanken machen. Endlich hatte ich jemanden, auf den ich mich freuen und mit dem ich zusammensein konnte.

Als ich meiner Mama erzählte, dass ich einen richtigen Freund hätte, war sie sofort dagegen. Markus sei zu alt für mich und außerdem solle ich mir besser Gedanken über eine Lehrstelle machen. Ihre Reaktion dämpfte meine Freude, denn mir war klar, dass ich wohl kaum mit ihm fortgehen durfte.

Doch meine Tanten Claudia und Lore legten bei meinen Eltern ein gutes Wort für Markus ein. Claudia konnte meine Mama überzeugen, dass mir die Freundschaft gut tun würde und mich wieder auf andere Gedanken brächte.

Dann war es tatsächlich so weit: Markus durfte sich meinen Eltern vorstellen.

Ich saß ruhig neben Markus auf der Küchenbank, obwohl ich innerlich ganz aufgeregt war. Meine Eltern hatten einige Fragen an ihn, die er gelassen beantwortete. Ich hatte den Eindruck, dass die ablehnende Haltung meiner Mama immer mehr schwand. Sie willigte letztlich sogar ein, dass ich an den Wochenenden mit meinem Freund zusammen sein durfte. Nur bestand sie darauf, dass ich an den Abenden spätestens um 22 Uhr zu Hause zu sein hatte.

Markus und ich zogen uns nach dem Gespräch in mein Zimmer zurück und genossen unsere Zweisamkeit. Ja, ich war seit langer Zeit wieder glücklich!

Wieviel Nähe lasse ich zu?

Kurz darauf wurde ich an den Mandeln operiert und war fünf Tage im Krankenhaus. Markus besuchte mich jede freie Minute.

Als ich wieder zu Hause war, versuchte Mama mir klar zu machen, wie wichtig die Schule für mich sei – ganz ohne Abschluss würde ich auch für Markus irgendwann uninteressant werden. Er hatte immerhin schon Abitur und eine abgeschlossene Ausbildung. Mir gefiel dieser Gedanke natürlich nicht, aber da ich keine Lehrstelle in Aussicht hatte, erklärte ich mich bereit, zurück auf die Schule zu gehen. Mama rief die Direktorin an und bat um eine Möglichkeit, mich zu bewähren und zu den Wiederholungsprüfungen antreten zu dürfen.

Es klappte. Also musste ich all meine verbrannten Sachen nachschreiben und mich in Englisch und Stenographie auf die Prüfung vorbereiten. Dafür opferte ich meine gesamten Ferien. Markus half mir in Englisch, sein Freund gab mir Nachhilfe in Steno. Im September waren dann die Prüfungen – es reichte zur Versetzung in die zweite Klasse der Berufsfachschule.

Sofort ging es mit der Schule weiter. Markus zog etwa 400 km weg, um eine Ausbildung zum Lokomotivführer zu machen. Uns blieben lediglich die Wochenenden. Wir schrieben uns lange Briefe, gefüllt mit Liebesbezeugungen.

Wir sollten vier Jahre zusammen sein. Markus‘ Eltern hatten mich liebevoll aufgenommen und ich mochte beide sehr gern.

Durch die Freundschaft mit Markus und das intensive Lernen entkam ich meinem Onkel immer mehr, da ich seltener bei ihnen übernachtete. Markus war ganz anders zu mir. Es blieb nur bei Küssen und Liebkosungen. Er drängte mich nicht zu mehr, als würde er meine Hemmungen spüren. Ich war froh, dass er nie nachfragte.

Nachdem Markus meine Eltern fast bekniet hatte, durfte ich zum ersten Mal bei ihm übernachten. Ich freute mich, doch zugleich hatte ich Angst. Wir wollten uns einen Film ansehen und es uns dazu im Bett gemütlich machen. Ich zog mir schnell meinen Pyjama an und legte mich unter die Decke. Als Markus ins Zimmer kam, meinte er: „Du hättest dich nicht so zu beeilen brauchen. Ich hätte dir gerne beim Ausziehen zugeschaut.“ Er kuschelte sich zu mir und wir schauten uns den Film an.

Es war spät, als Markus mich zu streicheln begann. Wir küssten uns, doch ich war sehr angespannt. Als er mir das Shirt hochschieben wollte, fasste ich seine Hand und hielt sie fest. Zärtlich küsste er mich und flüsterte: „Ich werde nichts tun, was du nicht möchtest, Marina, aber ich denke, dass ich allmählich lange genug geduldig mit dir war.“ Ich konnte nur nicken, da mir meine Unsicherheit die Stimme abschnürte.

Diese erste sexuelle Erfahrung mit meinem Einverständnis war angenehm und dennoch eigenartig. Ich wusste nicht so recht, wie ich mich verhalten sollte. Und ich hatte Angst, dass Markus sehen könnte, wie beschmutzt ich in Wirklichkeit war. Doch er dachte wohl, dass ich ganz unerfahren wäre. Eng umschlungen schliefen wir ein.

Ein Albtraum wird wahr

Die schöne Zeit mit Markus wurde bald einer Prüfung ausgesetzt. Markus, Otto und ich saßen in unserer Lieblingskneipe. Otto hatte wieder mal Probleme mit meinem Onkel Richard. Da Otto früher heroinsüchtig gewesen war und schnell ausrastete, wenn er zuviel Alkohol trank, geriet er häufig mit Richard in heftige Streitereien. So manches Wort, das Richard Otto dann an den Kopf warf, empfand ich als ungerecht. Richard hatte doch selbst genug Dreck am Stecken.

Als Otto nun von ihrer Auseinandersetzung erzählte, platzte mir der Kragen: „Ausgerechnet der muss so große Töne spucken!“ Markus sah mich verwundert an und Otto fragte: „Was sagst du da, Marina? Was weißt du denn von Richard?“ Ich war furchtbar zornig auf Richard, aber ich hatte große Angst, mein Schweigen zu brechen. Sie versprachen, es für sich zu behalten.

Stockend erzählte ich den beiden dann von dem jahrelangen Missbrauch. Sie waren geschockt. Markus legte seinen Arm um mich: „Es tut mir sehr leid, was dieser Scheißkerl dir angetan hat.“ Mir stiegen Tränen in die Augen, ich konnte kaum noch sprechen. Otto war total aufgebracht und wollte es Richard heimzahlen. Ich flehte ihn an, nichts davon zu verraten, um mich nicht in Schwierigkeiten zu bringen.

An diesem Abend konnte ich lange nicht einschlafen. Mich quälte die Angst, was geschehen würde, wenn Otto nicht den Mund halten würde.

Nach einer unruhigen Nacht warf Mama mich unfreundlich aus dem Bett. Ich sah ihr die Aufregung an. Sie kommandierte mich hinunter ans Telefon, wo Claudia mich sprechen wollte. Meine Beine begannen zu zittern, ich fühlte, wie mich alle Kraft verließ. Also hatte Otto nicht dicht gehalten. Zitternd nahm ich den Hörer in die Hand: „Ja, hallo, Claudia ...“ Sie klang völlig außer sich und wollte wissen, ob diese ungeheure Anschuldigung gegen ihren Mann, von der Otto noch am Abend Lore berichtet hatte, der Wahrheit entsprechen würde. Ich hatte einen dicken Kloß im Hals: „Ja, Claudia. Es tut mir sehr leid, aber das ist wahr." Nach kurzem Schweigen fragte sie weiter: „Würdest du das auch vor Gericht bezeugen?" „Ich will nicht vors Gericht!", stotterte ich. Mit kalter Stimme meinte Claudia hart und sehr bestimmt: „Ich will nichts sonst hören, Marina! Antworte auf meine Frage nur mit ja oder nein. Wenn du die Wahrheit sagst, wird das doch nicht schwer sein!" Mir wurde schwindlig. In meinem Kopf drehte sich alles. Würde ich die Wahrheit sagen, käme mein Onkel bestimmt ins Gefängnis. Dann wäre ich schuld, wenn Claudia alleine wäre, meine Cousins ohne Vater aufwachsen müssten. Doch ich wollte diese Familie nicht zerstören!

„Nein", hauchte ich in den Hörer.

„Okay, das reicht. Du bist eine schändliche Lügnerin", bellte Claudia, bevor sie auflegte.

Ich hatte das Gefühl, gleich zusammenzubrechen. Mama stand immer noch neben mir und sah mich erbost an. Als ich beginnen wollte, zu erklären, herrschte sie mich an: „Sei still, du verlogene Hure! Wie kannst du nur so was erzählen! Verschwinde in dein Zimmer! Geh mir aus den Augen, wenn das der Dank ist, dass wir dich groß gezogen haben, all die Opfer für dich erbracht haben! Wir haben es immer nur gut mit dir gemeint. Und jetzt tust du uns so eine Schande an! Was sollen denn die Leute über uns denken? Hast du je daran gedacht?!"

Es hatte keinen Zweck. Weinend stolperte ich in mein Zimmer und warf mich aufs Bett. Ich hatte das Gefühl, den Boden unter den Füßen zu verlieren. Zutiefst bereute ich, mein Schweigen gegenüber Otto und Markus gebrochen zu haben. Als Lügnerin und Hure gebrandmarkt zu werden, fühlte sich noch grässlicher an, als missbraucht zu werden. Zugleich war ich furchtbar von Otto enttäuscht, der sich nicht an sein Versprechen gehalten hatte. Konnte man denn niemandem vertrauen?

Als ich später zum Frühstück kam, schlug mir eisige Kälte entgegen. Die Worte meiner Mama hatten mich zutiefst verletzt, aber ihre Blicke wirkten regelrecht tötend. Sie sei enttäuscht von mir. Sie schäme sich für mich. Und ich sei schuld daran, dass es ihr so schlecht gehe.

In meiner Verwandtschaft wurde ich fortan als verlogene Hure bezeichnet. Niemand glaubte mir. Es war schwarz um mich herum geworden. Diese Welle der Ablehnung, des Hasses konnte ich kaum ertragen. Claudia wollte mich nicht mehr sehen, sie erteilte mir Hausverbot. Immerhin, meine Oma und der Hund Arko lebten ja nicht mehr. Und dass ich auf diese Weise meinen Onkel nicht mehr zu treffen brauchte, war nur gut.

Wenn ich Claudias Freundinnen begegnete, erntete ich verachtende Blicke und böse Worte. Man tuschelte über mich. Es war Richard also gelungen! Er leugnete alles und stellte mich als undankbare Lügnerin hin. Alle glaubten ihm.

Ich fühlte zerstörende, tiefe Schmerzen. Jede Freude wich aus mir und ich empfand pure Ungerechtigkeit. Ich galt nun also als die, die Schande über unsere Familie gebracht hatte. Man behandelte mich wie eine Verräterin, eine Ausgeschlossene, eine Aussätzige.

Mir war, als sei ich von Gott und der Welt verlassen. Lustlos, wie taub, bewältigte ich einen Schultag nach dem anderen. Womit hatte ich all das nur verdient? Hätte mich meine Erzeugerin doch gleich ertränkt, wo sie mich doch ohnehin scheinbar nicht gewollt hatte!

Mama sprach nur das Nötigste mit mir. Einzig meinem Papa war nichts anzumerken. Er verhielt sich wie immer, gerade so, als wäre nichts geschehen. Ausgerechnet von ihm hätte ich mir am ehesten Hilfe erwartet und dass er zu mir steht. Aber er verlor keine einzige Silbe über diese Tragödie. Ich konnte mir das nicht erklären. Doch ich hatte nicht den Mut, ihn zu fragen. Das Gefühl, im Stich gelassen worden zu sein, zerriss mir schier das Herz.

Nur an den Wochenenden konnte ich mit Markus meinem trostlosen Alltag ein wenig entfliehen. Bei ihm fühlte ich mich angenommen und verstanden. Aber auch in ihm schlummerte nun der Hass auf Richard. Ich redete immer wieder auf ihn ein, dass wir keine Chance hätten. Ich bat ihn, keine Dummheiten zu machen und meinem Onkel besser aus dem Weg zu gehen. Seine Freundschaft mit Otto löste sich immer mehr auf, da Markus ihm den Vertrauensbruch schwer zur Last legte. Immerhin war er maßgeblich an meiner Situation schuld.

Im Frühjahr meldete Markus sein Motorrad wieder an. Wir unternahmen schöne Fahrten alleine oder mit Freunden aus dem Motorradverein. Das waren die einzigen Stunden, in denen ich ein wenig Glück empfand. Dennoch versank ich immer mehr in Hoffnungslosigkeit. Zu Hause war nichts mehr wie zuvor. Ich fiel in diesen bodenlosen Abgrund der Gefühle. Ich hatte immer weniger Lust, überhaupt zu leben. Mit der Zeit fühlte ich nichts mehr, keine Freude, keine Trauer und auch kaum Schmerzen. Innerlich war ich wie abgestorben.

Eines Tages, nach einem Streit mit Mama, nahm ich einen Seidenschal, legte ihn mir um den Hals und zog zu, so fest ich konnte. Als mir die Luft ausging, verließ mich aber auch die Kraft in den Händen. Vielleicht sollte ich es doch mit einem Strick versuchen? Im Keller fand ich keinen geeigneten. So begann ich, mich an meinen Armen innen zu ritzen, immer tiefer. Anfangs war es schmerzhaft, doch allmählich wurde es zur Gewohnheit. Um die Schnittstellen an den Handgelenken zu verdecken, trug ich Schweißbänder, die ohnehin gerade *in* waren. Als Mama die Schnitte eines Tages erblickte, rastete sie beinahe aus. Sie drohte, mich in ein Heim abzugeben. Teilnahmslos ließ ich ihre Ermahnungen über mich ergehen. Ich wollte einfach nur ein Ende meiner Gedanken und Gefühle, wollte nicht mehr nur geduldet sein und mich unerwünscht fühlen.

Wenn ich es schon nicht zustande brachte, meinem Leben ein Ende zu setzen, konnte ich es dann nicht auf andere Art zerstören? Man betrachtete mich als Hure – dann konnte ich doch gleich eine werden, oder? Ich müsste nur mit dem Zug nach Amsterdam kommen.

Lore hatte mir oft genug von den Drogensüchtigen und Zuhältern um den Amsterdamer Bahnhof erzählt. Wenn ich dort umherstreifen würde, wäre es lediglich eine Frage der Zeit, bis mich einer von ihnen auf den Strich schicken würde. Mama würde ich damit endgültig hinter mir lassen. Außerdem stünden die Chancen gut, jung zu sterben.

Mit meinem Sparbuch zog ich los, holte das bisschen Geld von der Bank, das ich beiseite gelegt hatte. Danach wollte ich mir am Bahnhof eine Fahrkarte kaufen. Doch das war bereits die Endstation: Mein Geld reichte hinten und vorne nicht, und einen Pass hatte ich auch nicht bei mir.

Enttäuscht über meine Unfähigkeit, mein trostloses Leben zu zerstören, schlenderte ich zum Fluss. Am Ufer kauernd, weinte ich still vor mich hin.

Flucht von Zuhause

Zu Hause wurde es unerträglich. Mit Mama konnte ich kaum noch vernünftig reden. Es gab niemanden mehr, dem ich vertraute. Überhaupt, das Thema Missbrauch wurde totgeschwiegen. Scheinbar dachten alle, dass man es damit aus der Welt schaffen könne. Claudia gab mir die Schuld für ihre Eheprobleme. Einzig Lore sprach mit mir. Sie wollte mehr über die Übergriffe wissen und glaubte mir.

Die Gespräche mit ihr taten mir gut. Sex schien ihr Lieblingsthema zu sein. Doch so konnte ich mir wenigstens einiges von der Seele reden. Es tat mir gut, endlich einmal zu berichten – nachdem zuvor nie jemand etwas Genaueres erfahren wollte.

Wenn ich Richard traf, ließ ich ihn meinen Hass spüren. Ich sprach keine Silbe mit ihm. Zu beobachten, dass er meine giftigen Blicke schwer ertragen konnte, war für mich eine gewisse Genugtuung. Wie ein bisschen Rache, an der ich Gefallen fand.

Meine Tante Lore gab mir indes Yoga-Tipps, und ich versuchte mich an den Übungen, bis ich es in eine Art Trancezustand schaffte. So konnte ich der rauen, öden Wirklichkeit für kurze Zeit entkommen.

Zwei neu Schülerinnen in unserer Klasse, die das Abschlussjahr wiederholten und sich cool über alle möglichen Regeln hinwegsetzten, beeindruckten mich. Ich schloss mich ihnen häufig an und begann wie sie zu rauchen.

Markus und ich schmiedeten inzwischen Pläne, zusammen zu ziehen. Ich war knapp siebzehn und meine Eltern natürlich dagegen. Doch dann gab Mama eines Tages nach. Sie vertraute darauf, dass Markus vernünftig war und für mich sorgen würde. Natürlich war ihr bewusst, dass ich mit achtzehn sowieso ausgezogen wäre. Aufgrund unserer schlechten Beziehung wollte sie uns beiden ein weiteres Jahr voller Streitereien ersparen.

Am letzten Schultag bekam ich mein Abschlusszeugnis und packte zu Hause meine Habseligkeiten. Mama fuhr mich zu

Markus, setzte mich dort ab und verabschiedete sich kurz und bündig. Es kam mir vor, als wäre es ihr egal, ja fast, als wäre sie froh, mich los zu sein. Meinem Bruder Daniel fiel der Abschied schwer. Doch ich konnte und wollte es zu Hause nicht länger aushalten. Papa war an diesem Tag aus beruflichen Gründen nicht daheim, aber er wusste natürlich von meinem Vorhaben. Erst Jahrzehnte später erfuhr ich, wie schmerzhaft mein Auszug damals für ihn war.

Endlich: Ich war frei! Markus und ich konnten selbst entscheiden. Wir mussten niemanden mehr um Erlaubnis fragen. Das war ganz neu für mich. Ich genoss diese Eigenständigkeit. Schnell lernte ich auch die damit verbundenen Verpflichtungen kennen. So musste ich lernen, einen Haushalt zu führen. Ich übernahm das Wäschewaschen; gekocht haben wir, zumindest in der ersten Zeit, meist gemeinsam. Bereits in der zweiten Woche fuhren wir nach Ungarn an den Plattensee. Es war meine erste Reise, mein erster Urlaub. Ich fühlte mich wunderbar, wie in einem Märchen. Ich konnte so richtig abschalten.

Kaum kehrten wir wieder zurück, begann der Ernst des Lebens. Ich wollte meinen Teil zum Lebensunterhalt beisteuern. Mein erstes Geld verdiente ich als Näherin in einer kleinen Weberei. Der Lohn und die Arbeitsbedingungen waren lausig. Ich hielt gleich nach einem besseren Job Ausschau, blieb aber dann doch sechs Jahre in dieser Firma.

Als ich einmal meine Tanten besuchte – was ich stets ohne Markus tat, da er sich nicht überwinden konnte, dieses Haus zu betreten –, traf ich in Claudias Wohnung lediglich auf Richard.

Drei Jahre waren vergangen, seit ich mein Schweigen gebrochen hatte. Inzwischen war ich 18. Ich war ihm seitdem selten alleine begegnet; wir fühlten uns beide in dieser Situation nicht wohl. Gefühle der Angst überfielen mich, wie all die Jahre zuvor. Als Claudia, auf die wir beide warteten, nach einer halben Stunde noch nicht kam, konnte ich es nicht mehr ertragen und wollte gehen. Da brach mein Onkel das Schweigen: „Weißt du was, wir sollten mal miteinander reden. Komm, lass uns zum Italiener gehen. Ich will, dass du dich dabei entspannst.“ Ich hegte einen Funken Hoffnung, dass er sich vielleicht bei mir entschuldigen wollte.

Beim Italiener setzten wir uns an die Bar und Richard bestellte zwei Gläser Rotwein. Abschätzend blickte er mich immer wieder an und setzte sein schiefes Lächeln auf. Dann meinte er mit unerträglicher Arroganz: „Jetzt ist ja viel Zeit verflossen und die Gemüter haben sich wieder beruhigt. Du wirst aus deinem Fehler gelernt haben und bist vernünftiger geworden. Außerdem lebst du inzwischen in derselben Stadt ... Was spricht eigentlich dagegen, dass wir beide unsere Beziehung wieder aufnehmen?“ Ich traute meinen Ohren nicht: Was bildete der sich ein? Mir fehlten die Worte, am liebsten hätte ich ihm den Rotwein ins Gesicht gekippt. Entrüstet stand ich auf und ging.

Zuhause angekommen, erzählte ich Markus davon, der Richard am liebsten sofort verprügelt hätte. Ich hatte alle Hände voll zu tun, ihn davon abzuhalten. Angst schlich in mir hoch, dass mich die schmerzhaften Gefühle ein weiteres Mal in den Abgrund ziehen könnten. In den folgenden Monaten hielt ich Abstand zum Haus meiner Tanten, um stabiler zu werden.

Begegnung mit Alfred

Mit der Zeit ergriff Markus und mich mehr und mehr der eintönige Alltag. Die ersten großen Gefühle wichen der Ernüchterung. So schön die ersten zwei Jahre zusammen waren, so eintönig und langweilig waren die beiden Jahre danach. Ich kannte Markus inzwischen gut und entdeckte nun auch Eigenschaften, die mir nicht gefielen. Er war extrem eifersüchtig und trank häufig zuviel Alkohol. Wir stritten öfter und mir wurde bewusst, dass ich mich ihm völlig angepasst hatte. Meine eigene Identität hatte ich aufgegeben. Wir hörten ausschließlich *seine* Musik, trafen uns mit *seinen* Motorradfreunden, besuchten *seine* Kneipen. Selbst die Filme, die wir uns anschauten, waren hauptsächlich nach *seinem* Geschmack. Im Grunde war unsere einzige gemeinsame Leidenschaft das Motorrad.

Ich saß immer öfter alleine zu Hause, fühlte mich einsam und verlassen. Ich merkte, dass diese Beziehung nichts für das ganze Leben war. Markus hängte sich total an mich und drohte mit Selbstmord, wenn ich ihn verlassen würde. Dadurch blieb ich einige Monate bei ihm, aber meine Gefühle starben immer mehr.

Eine Folge dieser ersten Eigenständigkeit war allerdings, dass Mama mich mehr akzeptierte. Sie anerkannte meine Fähigkeit, einen Haushalt zu führen. Wir konnten uns endlich wie zwei Erwachsene unterhalten, ohne dass es in einem Streit endete.

Mit einer Reise quer durch Italien bis Sizilien versuchten Markus und ich, unsere Beziehung zu retten. Trotz der schönen Landschaft und des italienischen Flairs kam keine Romantik bei uns auf. Letztlich blieb es ein erfolgloser Versuch.

Auf einem kleinen Fest unter Motorradfreunden lernte ich dann Alfred kennen und ließ mich zu einer Affäre mit ihm hinreißen. In manchen seiner Ansichten schien er mir beinahe skrupellos. Er bestärkte mich darin, mein Leben selbst in die Hand zu nehmen und mir zu nehmen, was ich wollte. Wer dies nicht mache, sei selbst schuld. So trennte ich mich im Herbst 1989, mit neunzehn Jahren, endgültig von Markus.

Ich fand eine kleine, preisgünstige Wohnung im Stadtzentrum. Der Anfang dieses Singlelebens fiel mir nicht leicht. Auch Markus verkraftete die Trennung nur schwer und kreuzte immer wieder meine Wege. Es brauchte Zeit, bis ich ihm klar machen konnte, dass mir das nicht recht war. Aber ich wollte auch vermeiden, dass er meiner Affäre mit Alfred auf die Schliche kam.

Kapitel 4

Kampfgeist

Meine Rache-Feldzüge

Nun hatte ich Zeit, mein Leben zu überdenken. Langsam hatte ich es satt, unter miesen Gefühlen zu leiden. Aus der Opferrolle wollte ich ausbrechen. Ich begann, um meine Entscheidungsfreiheit zu kämpfen. Mein Leben wollte ich nun selbst in die Hand nehmen und so führen, wie es in meinen Augen gut für mich war. Ich hatte es satt, mich schlecht zu fühlen und anderen als Spielball zu dienen. Genauso hasste ich meine depressiven Tiefpunkte. All das wollte ich hinter mir lassen.

Häufig zog ich alleine durch Kneipen und Diskotheken. Ich tanzte für mein Leben gern und entdeckte dabei eine Möglichkeit, mit Männern zu spielen. Schnell fand ich in den Unterhaltungen heraus, dass viele auf einen One-Night-Stand aus waren, während zu Hause Frau und Kind warteten. Anfangs ließ ich sie in dem Glauben, dass sie bei mir landen könnten. Ich tanzte mit ihnen, ließ mir auch das eine oder andere Getränk bezahlen und hörte ihren Geschichten zu. Wenn diese Typen mich dann erwartungsvoll nach Hause brachten, ließ ich sie jedoch eiskalt abblitzen. Keiner schaffte es, seinen Fuß in mein kleines Reich zu setzen. Meine Meinung über ihren Lebensstil warf ich ihnen bei der Gelegenheit auch gleich an den Kopf. Es war eine Genugtuung für mich, Rache an der Männerwelt für die Erfahrungen, missbraucht und vergewaltigt worden zu sein. Direkt an meinem Onkel konnte ich mich nicht rächen, dafür entwickelte ich bei diesen Streifzügen einen regelrechten Kampfgeist.

Dieses freie Leben genoss ich in vollen Zügen. Genau genommen, war mein Lebensstil freilich kaum besser als der jener Männer, die ich ausnutzte. In den letzten Monaten, in denen ich noch mit Markus zusammen war, hatte ich ja Alfred kennen gelernt. Er war verheiratet und hatte nun mit mir eine aufregend sinnliche Affäre. Durch ihn lernte ich zum ersten Mal echte Leidenschaft kennen. Ich konnte mich bei ihm richtig fallen lassen und ihm vertrauen. Allmählich lernte ich sogar, meinen eigenen Körper anzunehmen. In den Stunden, in denen ich mit Alfred zusammen war, war ich in einer anderen Welt und vergaß die Wirklichkeit. Ich konnte ihm nichts abschlagen, was auch immer er von mir verlangte. Ich war Alfred hörig. Durch ihn fand ich Gefallen an Sex und fühlte mich begehrenswert. Die Praktiken wurden dabei immer ausgefallener und meine Hemmungen legte ich ab. Wir waren auf der Jagd nach neuen Reizen. Durch Alfreds Einfluss legte ich all meine moralischen Bedenken und früheren Werte ab und brachte mein Gewissen zum Schweigen. Ich lebte, als sei ich niemandem Rechenschaft schuldig. Die Gesellschaft kümmerte sich ohnehin nicht im Geringsten um Schwache oder Geschändete, warum sollte dann ich Rücksicht nehmen? Alfred bestärkte mich in dieser selbstsüchtigen und kurzsichtigen Haltung: „Hey, Babe, wir leben nur einmal!"

Auf diese Weise versuchte ich, den negativen Erfahrungen durch den Missbrauch zu entfliehen.

Aufgrund meines Lebensstils nahm ich ab, bis ich nur noch 54 Kilogramm auf die Waage brachte. Zum Kochen, noch dazu nur für mich alleine, nahm ich mir kaum Zeit. Meine Mama war besorgt. Doch ich hatte keine Lust, mein Leben zu ändern. Mit meiner Arbeitskollegin und Freundin Simone ging ich oft aus.

Wir ließen keine Nacht in unserer Lieblingsdisco aus und amüsierten uns bis zum Morgengrauen. Nach einem starken Kaffee ging es dann wieder zur Arbeit.

Woher komme ich eigentlich?

Dennoch machte ich mir in dieser Zeit Gedanken über mein Leben. Seit meiner Kindheit hatte ich einige Allergien entwickelt; aufgrund eines langjährigen, schmerzvollen Hautausschlags an den Händen konnte ich meinen Traumberuf Hebamme nicht verwirklichen. Nun war ich bei einem Hausarzt in Behandlung, der auch psychologisch kompetent war. Da kaum ein Medikament zur ersehnten Heilung führte, fragte er nach meiner Kindheit. Vielleicht hatte ein Schockerlebnis mein Unterbewusstsein regelrecht traumatisiert? Etwas, das ich verdrängt und nicht verarbeitet hatte.?

Seine Überlegungen leuchteten mir ein und so versuchte ich, Licht ins Dunkel zu bringen. Dann wurde mir bewusst, dass es mit den Allergien losgegangen war, als ich erfahren hatte, dass ich gar nicht bei meinen leiblichen Eltern aufwuchs, sondern adoptiert worden war. All die Jahre danach hatten mich die unbeantworteten Fragen nach meiner Herkunft gequält.

Also wollte ich zumindest versuchen, meine natürlichen Eltern ausfindig zu machen. Nur auf diese Weise, dachte ich, könne so manches aufgearbeitet werden. Von meiner Mama konnte ich dabei allerdings keine Hilfe erwarten – dieses Thema war für sie ja ein rotes Tuch. Ich kramte meine Geburtsurkunde heraus. Dort war der Name meiner Mutter – Ramona – und sogar meines Vaters – Siegfried – angegeben. Überrascht entdeckte ich, dass sogar seine damalige Adresse in der Urkunde stand.

Meine Tante Claudia unterstützte mich bei meiner Suche. Sie fuhr mit mir in den besagten Ort. Auf dem Einwohnermeldeamt erfuhren wir, dass Siegfried dort nicht mehr gemeldet war, seine Mutter aber noch da lebte. Kurz darauf standen wir vor ihrem Haus.

Als Claudia parkte, schlug mein Herz wie wild, meine Beine begannen zu zittern. Ich war furchtbar aufgeregt und verunsichert. Was sollte ich überhaupt sagen, wenn nun jemand die Tür öffnen würde? Womöglich weiß diese Frau noch nicht einmal von meiner Existenz. Claudia sprach mir Mut zu und meinte, wenn ich jetzt einen Rückzieher machen würde, erführe ich wohl nie, wer und wie mein Vater sei. Ich atmete mehrmals tief durch und stieg aus dem Auto. Langsam schlich ich mit wackeligen Beinen auf das Haus zu und legte mir Worte zurecht. Zitternd drückte ich die Klingel. Während ich lauschte, ob sich im Haus etwas rührte, wagte ich kaum zu atmen. Jede Zelle meines Körpers war angespannt. Am liebsten wäre ich davon gelaufen, doch dann öffnete eine alte Frau die Tür. Sie grüßte mich freundlich. Mein Mund war wie ausgetrocknet und ich suchte nach Worten. Etwas heiser sagte ich dann: „Hallo, ich bin auf der Suche nach Siegfried." Sie lächelte mich an und antwortete: „Ach, Mädchen, mein Sohn wohnt doch schon lange nicht mehr bei mir. Der hat selber ein Haus gebaut." Freundlich erklärte sie mir dann, wo er wohnte. Sie empfahl mir, vorher bei ihm anzurufen, da er viel unterwegs sei. Hastig bedankte ich mich für die Auskunft, verabschiedete mich und eilte zum Auto zurück.

Claudia wollte sofort wissen, wie die Dame reagiert hätte, als sie erfuhr, wer ich sei. Da erst fiel mir auf, dass ich mich selbst vor lauter Aufregung gar nicht vorgestellt hatte.

Zurück bei meiner Tante, suchte ich im Telefonbuch die Nummer meines Vaters heraus. „Okay, dann ruf jetzt gleich bei ihm an", meinte Claudia und gab mir einen Schubs. Zitternd wählte ich die Nummer. Am anderen Ende meldete sich eine Frauenstimme: „Hallo! ... Hallo! ... Wer ist da?" Was sollte ich nur sagen? Damit hatte ich überhaupt nicht gerechnet. Stotternd begann ich zu erklären, dass ich Siegfrieds Tochter sei. Dann erfuhr ich, dass ich mit der Frau meines leiblichen Vaters sprach. Sie wusste von mir und versprach, dass er mich zurückrufen würde, sobald er von der Arbeit zu Hause sei.

Die Zeit bis seinem Anruf wollte kaum vergehen. Jedes Mal, wenn das Telefon klingelte und Claudia abnahm, erstarrte ich und sah sie mit großen Augen fragend an. Endlich nickte sie und rief mich zum Telefon. Aufgeregt nahm ich den Hörer in die Hand. Siegfrieds Stimme klang angenehm. Er schien sich tatsächlich zu freuen und wollte mich noch am selben Abend besuchen.

Ich konnte es kaum glauben und eilte in meine Wohnung. Schnell räumte ich ein wenig auf, lief hin und her und schaute alle paar Minuten zum Fenster hinaus, bis es endlich läutete. Nach zwanzig Jahren sah ich zum ersten Mal meinen leiblichen Vater!

Er sah mich freundlich an und wir reichten uns die Hände. Seine Hand fühlte sich warm und fest an, sie vermittelte mir Geborgenheit. Wir setzten uns in die Küche und erzählten stundenlang. Nun erfuhr ich, dass ich zwei Halbbrüder hatte. Am Ende lud Siegfried mich zu sich nach Hause ein.

An jenem Abend konnte ich lange nicht einschlafen.

Meine Mutter ausfindig zu machen, so meinte ich, würde bestimmt schwieriger werden. Ich hatte keine Anschrift von ihr und wusste nur, dass sie in der Schweiz lebte. Dann erfuhr ich von Bekannten, dass meine Taufpatin, zu der ich kaum Kontakt hatte, die Schwester meiner leiblichen Mutter war.

Ich besuchte sie, ganz in unserer Nähe, und sie gab mir die Adresse meiner Mutter. Zunächst schrieb ich ihr einen Brief. Nach einiger Zeit kam eine mehrseitige Antwort von Ramona zurück. Sie freue sich sehr, mich zu sehen, und wolle sich bei mir melden, wenn sie ihre Schwester besuchen würde. Bis zu einem persönlichen Treffen sollte es allerdings noch dauern.

Dafür entwickelte sich in der Zwischenzeit eine Brieffreundschaft mit meiner vier Jahre jüngeren Halbschwester Anita, die nun durch meine Briefe an unsere Mutter von mir erfahren hatte.

Unzertrennlich durch die Nächte

Ich genoss das, was ich als „mein Leben in Freiheit" verstand, in vollen Zügen. In meiner Stammdisco waren wir schon bald wie eine große Familie geworden. Wir kannten uns, Simone und ich waren beliebt und der DJ spielte unsere Lieblingssongs.

Als ich in der Faschingswoche 1990 meinen zwanzigsten Geburtstag dort feierte, lernte ich Patrick näher kennen. Er gehörte zu den regelmäßigen Discobesuchern. Öfter brachte er mich im Morgengrauen nach Hause, wo wir dann noch einen Kaffee tranken, bevor der Arbeitstag begann. Er war eher ein Einzelgänger, konnte aber gut tanzen. Nacht für Nacht verbrachten wir einige Stunden zusammen auf der Tanzfläche. Patrick wollte mich gerne als seine Freundin, doch ich war noch nicht bereit, meine Freiheit aufzugeben. Er blieb hartnäckig und gab nicht auf, bis ich schließlich nach einigen Wochen nachgab.

Ich beendete meine Affäre mit Alfred, was der nur schwer akzeptieren konnte. Nach einer Weile zog er sich aber aus meinem Leben zurück.

Von da an sah ich Patrick jeden Tag. Ich hatte endlich genug Geld für den Führerschein gespart und begann mit der Fahrschule. Patrick ließ mich manchmal mit seinem Auto fahren und unterstützte mich beim Lernen.

Mit meiner Fahrlehrerin Eva hatte ich eine Menge Spaß und wir freundeten uns bald an. Ihr lebenslustiges Wesen tat mir gut. Evas Freund Mario war ein absoluter Macho mit äußerst eindrucksvollem und selbstsicheren Auftreten. Er liebte alles, was teuer war – Autos, Uhren, Schmuck. Als Fotograf verdiente er auch durch Hochzeiten und durch Akt- und Kunstfotografie.

Schnell entwickelten Patrick und ich uns zu einem unzertrennlichen Paar. Beinahe die gesamte Freizeit verbrachten wir miteinander. Immer seltener war ich mal alleine unterwegs. An einem Nachmittag war ich bei meiner Tante Lore und Otto zu Besuch. Die beide rauchten mal wieder Marihuana. Als sie meinten, das sei absolut harmlos und mache mich nur lockerer, rauchte ich neugierig mit.

Die anschließende Heimfahrt mit meinem Fahrrad war der absolute Albtraum. Ich hatte meine Sinne überhaupt nicht mehr unter Kontrolle, nahm Unebenheiten oder Schlaglöcher gar nicht wahr und hatte das Gefühl, zu schweben. Das Tageslicht kam mir grell vor, Farben wirkten auf mich unnatürlich intensiv. Als ich mein Rad im Schuppen abstellte, war ich froh, heil angekommen zu sein. Als kurz darauf Patrick anrief, um sich mit mir für den Abend zu verabreden, brauchte ich unendlich lange, um ihn zu verstehen und zu antworten. Wie sehr ich mich auch bemühte, ich hatte mich nicht im Griff.

Erst Stunden später normalisierte sich mein Zustand. Ich hasste mich dafür. So hilflos zu sein, ging mir richtig gegen den Strich. Nie wieder würde ich eine Droge anrühren!

Patrick und ich waren oft mit Freunden unterwegs. Mit Simone und ihrem Freund gingen wir zum Schwimmen oder Tanzen. Mit Patricks Freunden waren wir kegeln. Meine Fahrlehrerin Eva lud uns manchmal zum Kaffee ein.

Nach unserem ersten Sommer fragte Patrick: „Marina, willst du mich heiraten?" Das ging mir etwas zu schnell. Ich fühlte mich durch diese Aussicht eingeengt, fast erdrückt. Eine Hochzeit war schließlich kein Spaß, den man mal versuchen konnte. Für mich war das ein Versprechen fürs ganze Leben!

Zudem war Patrick noch sehr jung und eigentlich nicht der Mann, den ich mir fürs Leben ersehnte. Ich träumte von einem Mann mit stattlicher Figur und breiten Schultern zum Anlehnen. Er sollte eine starke Persönlichkeit sein und optimistisch in die Zukunft sehen. Patrick war eher schmächtig, häufig unsicher und durch und durch Pessimist. All das verunsicherte mich eher. Doch ich wusste auch, dass ich noch nie zuvor so für einen Menschen empfunden hatte. Patrick war fürsorglich, sparsam, häuslich. Und er liebte mich.

Ich rang mich zu einem Ja durch. Silvester 1990 feierten wir mit Freunden unsere Verlobung.

Erst einige Wochen danach stellte Patrick mich seinen Eltern vor. Das lag vor allem an seiner Mutter: Sie kam mir ungewöhnlich kühl und distanziert vor, ich konnte nichts Herzliches an ihr finden. In den wenigen Stunden unseres ersten Treffens sprach sie kaum mit mir. Ich fühlte mich von ihr abgelehnt. Doch auch das Verhältnis zwischen ihr und ihrem Sohn Patrick war so distanziert, dass sie praktisch jeden Kontakt vermied. (Das hat sich übrigens bis heute nicht geändert.)

Patricks Stiefvater dagegen war ganz anders, doch man merkte ihm an, dass er offenbar unter ihrer Fuchtel stand und nichts zu melden hatte. Ich begann zu verstehen: Kein Wunder, dass auch Patrick bereits mit achtzehn von zu Hause geflüchtet war und es vorgezogen hatte, selbst für sich zu sorgen.

Im September 1991 heirateten wir. Die Sonne schien, die Gäste hatten beste Laune, das Essen schmeckte hervorragend und die Musik war ein Volltreffer und sorgte für gute Stimmung. Wir waren richtig glücklich! Nun begann also unser gemeinsames Leben.

Ein Treffen mit Ramona

Eines Tages dann kündigte meine leibliche Mutter Ramona ihren Besuch an. Wir verabredeten uns also in einem Café, und ich war froh, dass Patrick mich begleitete. Es war ein mulmiges Gefühl, auf Ramona zuzugehen. Ich hatte kein besonders positives Bild von ihr.

Ramona saß auf der Terrasse, neben sich ein Mädchen und einen Jungen. Die Begrüßung war kühl und ich hatte nicht den Eindruck, dass sie sich freute, mich zu sehen. Anita dagegen strahlte, da sie nun endlich ihre große Schwester kennen lernte. Meinem kleinen Halbbruder schien das Ganze ziemlich egal zu sein.

Ramona erzählte, dass sie inzwischen verheiratet sei. Über die Vergangenheit, die mich natürlich brennend interessierte, äußerte sie sich nur zurückhaltend. Jedes ihrer Kinder hatte einen anderen Vater, und mit keinem hielt sie es lange aus. Sie zog von einem Ort zum nächsten. In ihren Augen waren alle anderen an ihrem verkorksten Leben schuld, nur sie selbst war in keiner Weise verantwortlich. Sie bemitleidete sich selbst. Über mich meinte sie, ich hätte doch alles bekommen, was ein Kind braucht. Meine Eltern hätten ihr verboten, mich zu besuchen. (Später erfuhr ich von meiner Mama, dass das nicht stimmte. Offenbar war meine leibliche Mutter unfähig, die Verantwortung für ihr Leben zu übernehmen und sich auch mal Fehler einzugestehen.)

Als Patrick und ich wieder nach Hause fuhren, war ich mir über meine Empfindungen nicht so recht im Klaren. Im Grunde war das negative Bild von Ramona bestätigt worden. Ich war enttäuscht, hatte mir einen anderen Menschen erhofft. Wenn man sich Ramonas Lebensführung so anschaute, konnte ich eigentlich froh sein, dass ich nicht bei ihr aufgewachsen war, sondern adoptiert wurde.

Den Briefkontakt mit Anita, die gerne in meiner Nähe gewesen wäre, hielt ich aufrecht. Ramona sollte ich nur noch ein einziges Mal sehen – als ich selbst Mutter wurde.

Szenen einer Ehe

Patrick und ich mussten uns erst mal zusammenraufen. Wir hatten zuvor beide alleine gelebt; nun klebten wir rund um die Uhr zusammen. Das hieß für jeden von uns, die eine oder andere Eigenheit zu überdenken und abzulegen.

Er war in vielen Dingen pedantisch, was häufig zu Streitigkeiten führte. Wir waren beide von schlechten Erfahrungen geprägt und unfähig, diese Macht zu durchbrechen. Wir hatten beide kaum Selbstwertgefühl. Wenn ich ihn forderte, wollte Patrick am liebsten alles hinwerfen und davonlaufen; scheinbare Kleinigkeiten setzten ihn unter Druck. Frühere Beziehungen zu anderen Frauen hatte er stets aus diesem Grund beendet.

Wir waren jedoch verheiratet und dadurch in gewisser Weise gezwungen, einen Weg miteinander zu finden. Patrick suchte immer meine Nähe, liebte es, mit mir zu kuscheln, und fühlte dadurch Annahme und Bestätigung. Mir war das häufig zuviel. Ich empfand es als erdrückendes Klammern, mir fehlte die Luft zum Atmen. Ich brauchte mehr Freiraum, doch das konnte mein Mann nicht verstehen.

Wenn wir in den Skiurlaub oder im Sommer an den Gardasee fuhren, waren wir wie ausgewechselt und genossen die gemeinsamen Stunden. Im Alltag legten sich jedoch schon nach kurzer Zeit wieder graue Wolken darüber. Wir wollten anders leben, aber keiner von uns schaffte eine Veränderung der eigenen Verhaltensmuster. Obwohl Patrick sehr sensibel war, konnte er kaum über seine Wünsche, Vorstellungen und Gefühle reden. Wenn ich mich dann nicht so verhielt, wie er es sich vorgestellt hatte, war er schlecht gelaunt. Von mir erwartete er, dass ich gut gelaunt war und seine Stimmungsschwankungen wegsteckte. Wir verfielen stets in dasselbe Schema.

Beide trugen wir seelische Verletzungen in uns, suchten letztlich nach Liebe, Wertschätzung und Sicherheit – und waren unfähig, einander genau das zu geben. Stattdessen hackten wir gegenseitig auf unseren Fehlern herum. Unsere Erwartungen in den anderen erfüllten sich nicht.

Patrick schloss sich einer Männergruppe an, um Stärkung zu finden. Die Gruppe traf sich zu Wochenend-Seminaren und schottete sich völlig von der Umgebung ab. Die Männer unterhielten sich über alltägliche Probleme. Und da es in beinahe allen Beziehungen Schwierigkeiten gab, lag es auf der Hand, dass Frauen dabei meist schlecht wegkamen. Sie bemitleideten sich gegenseitig und motivierten sich zur Selbstverwirklichung.

Wenn Patrick nach diesen Wochenenden nach Hause kam, war seine Haltung mir gegenüber oft sehr kritisch. Das tat unserer Ehe natürlich keineswegs gut. Ich hielt diese Laune nur schwer aus und begann, abends alleine fortzugehen. Ich ging also in Spielhallen und fütterte die Spielautomaten mit meinem gesammelten Kleingeld. Hin und wieder besuchte ich auch alte Bekannte. Für mich waren diese Stunden der Freiheit ein herrlicher Ausgleich. Ich konnte unternehmen, worauf ich gerade Lust hatte. Keiner nörgelte an mir herum und ich war nicht gezwungen, freudige Gefühle vorzutäuschen.

Zu dritt und doch allein

Auch wenn sich ganz offensichtlich nicht alle unsere Erwartungen erfüllten, lernten wir, unser Leben so zu nehmen, wie es eben war. Wir machten uns Gedanken über die Zukunft. Wollten wir als Ehepaar alleine bleiben oder eine Familie gründen? Sollten wir uns vielleicht ein Motorrad kaufen, würde das dann etwas verbessern? Patrick und ich waren uns schnell einig, dass wir Kinder wollten, denn auch wir selbst waren nicht als Einzelkinder aufgewachsen.

Meine erste Schwangerschaft ließ nicht lange auf sich warten. Gemeinsam freuten wir uns darüber. Alles war neu und interessant für uns. Die ersten Bewegungen meines Babys im Bauch waren ein einschneidendes Erlebnis für mich. Patrick sorgte sich rührend um mich. Wir bereiteten alles für unser Kind vor und sehnten uns nach dem Tag der Geburt. Zugleich hatte ich davor Angst. Patrick sprach mir Mut zu und stand mir zur Seite.

Im Dezember 1993, ich war dreiundzwanzig, erlebten wir das Wunder der Geburt eines neuen Menschen: Nach einigen Stunden hielten wir unseren Sohn Martin im Arm. Dieses Glücksgefühl, das uns nun vereinte, war einfach unbeschreiblich, überwältigend und unvergleichbar schön. Wir waren überglücklich und alle Schmerzen und Ängste waren vergessen.

Dann bekam ich eine postnatale Depression. Weil ich darauf völlig unvorbereitet war und mich niemandem anvertraute, waren Patrick und ich damit völlig überfordert. Später sagte mir meine Ärztin, dass man mir mit einfachen Mitteln hätte helfen können.

Durch unseren Sohn stellte sich unser Leben völlig auf den Kopf. Die Uhr liefen nach den Bedürfnissen unseres Babys. Wir freuten uns über jeden kleinen Entwicklungsfortschritt, doch die große Verantwortung, die uns allmählich bewusst wurde, erdrückte uns schier. Vierundzwanzig Stunden an 365 Tagen in all den kommenden Jahren würden wir für das Wohlergehen Martins verantwortlich sein! Und wie sollte aus ihm ein glücklicher Erwachsener werden, wenn wir selbst nicht einmal mit unserem Leben klarkamen? Glückliche Stunden waren von Selbstzweifeln überschattet. Freude und Verzweiflung wechselten sich schnell ab. In mir herrschte ein Wechselbad der Gefühle.

Patrick ging es nicht viel anders. Ich war häufig viel zu müde und ausgelaugt, um sein Bedürfnis nach Zärtlichkeit überhaupt zu bemerken. Oft war er auf Martin eifersüchtig, da ich für ihn weit mehr Zeit aufwandte und mit ihm kuschelte.

Wir lebten uns auseinander. Wir wussten uns keinen Rat. Patrick besuchte weiterhin seine Männergruppe. Ich hockte nur noch zu Hause zwischen Windeln und Wäschebergen. Allmählich fiel mir die Decke auf den Kopf, ich sehnte mich nach Freiheit. Streit war fast an der Tagesordnung. Schließlich machte ich Patrick klar, dass ich ab und zu alleine raus musste, um den Alltag zu ertragen.

So bürgerten sich meine abendlichen Ausflüge zu Freunden oder in Spielhallen wieder ein. Ich bildete mir ein, dass mir dieser Ausgleich gut tat. Sicher konnte ich mich damit von unseren Problemen ablenken oder mich auch über andere Themen als Babypflege unterhalten. Doch wenn ich zu Hause saß, blieb doch alles beim Alten. Wir trotteten von Woche zu Woche, von Monat zu Monat.

Nach außen hin glücklich

Bei einem meiner abendlichen Streifzüge durch die Spielhallen sollte sich mein Leben noch weiter in den Abgrund manövrieren: Unerwartet stand ich meinem früheren Liebhaber Alfred gegenüber. Sofort waren alle Sehnsüchte in mir erwacht. Wir sahen uns in die Augen, jedes Wort war überflüssig. Ich fühlte mich zu ihm hingezogen, genau wie früher. Vielsagend lächelte er mich an und all meine Bedenken waren wie weggeblasen. Wir unterhielten uns und ich beschwerte mich über mein unglückliches Leben. Ich versuchte zwar anfangs, abzuwehren – immerhin hatte ich meinem Mann ewige Treue geschworen. Und mir war klar, wohin ein Treffen mit Alfred führen würde.

Doch in den folgenden Tagen ging Alfred mir nicht mehr aus dem Sinn. Meine Gedanken kreisten um die Erinnerungen. Ich musste mir eingestehen, dass Alfred auf mich einen starken sexuellen Reiz ausübte. Ich ertappte mich immer wieder selbst dabei, wie ich mir überlegte, ihn wieder zu treffen. Was sprach schon dagegen? Sollte ich nur wegen eines Versprechens in einer Kirche für immer auf mein Glück verzichten? Wie viele verheiratete Männer besuchten schließlich Prostituierte?

Es war eine Frage der Zeit, bis ich Alfred wiedersah. Sofort verspürte ich den Reiz und das Kribbeln in mir. Als er mich ansah, konnte und wollte ich mich ihm nicht widersetzen. Ich genoss seine Berührungen und das Feuer der Leidenschaft war wieder entflammt.

Von da an trafen wir uns heimlich mehr oder weniger regelmäßig. Sex mit meinem Mann war mir dagegen bald zu eintönig. Da Patrick ohnehin nie wusste, wohin ich ging, benötigte ich nur selten eine Ausrede. Mit der Zeit führte ich ein perfektes Doppelleben, von dem niemand etwas ahnte. Ich spielte allen etwas vor.

Patrick und ich wünschten uns bald ein zweites Kind, damit Martin einen Spielgefährten hatte. Selbst während dieser

Schwangerschaft sah ich keinen Grund, die Affäre mit Alfred zu beenden.

Im Oktober 1995 kam unsere Tochter Vanessa zur Welt. Patrick war wieder bei der Entbindung dabei, wir teilten dieselben Glücksgefühle wie bei Martins Geburt. Sogar Anita, meine Halbschwester, besuchte mich im Krankenhaus, da sie mit unserer Mutter gerade bei Verwandten zu Besuch war.

Martin freute sich anfangs sehr über sein Schwesterchen, doch als er merkte, dass sich nun nicht mehr alles um ihn drehte, wurde er eifersüchtig. Besonders in den Stillzeiten unternahm er viel Unfug. Diese Zeit zehrte ungemein an meinen Nerven. Ich wurde immer kraftloser und war andauernd müde.

Einzig in den Stunden, die ich mit Alfred verbrachte, konnte ich abschalten und durchatmen. Auf dem Weg zu ihm fühlte ich mich mies, da Patrick mit den Kindern unwissend zu Hause saß und manchmal auch überfordert war. Besonders Vanessa träumte hin und wieder, wachte auf und weinte dann nach mir. Doch meine eigene Lust bedeutete mir mehr. Außerdem war ich Alfred absolut hörig. Wenn er mich sehen wollte, setzte ich alles daran, es möglich zu machen.

Zu Hause fühlte ich mich nicht besser, schon gar nicht, wenn ich Patrick in die Augen sah und ihn belog. Im Grunde fühlte ich mich dauernd schlecht. Ich wusste keinen Ausweg mehr.

Die Affäre wurde immer mehr zur Belastung, da Alfred mehr und mehr von mir forderte. Als er fast eine ganze Nacht in einem Hotelzimmer mit mir verbringen wollte, nötigte ich meine beste Freundin Simone, mir ein Alibi zu geben.

Unsere Ehe ging immer mehr den Bach hinunter. Es kam vor, dass wir uns Gedanken über eine mögliche Trennung machten. Patrick konnte sich aber nicht vorstellen, dass er dies finanziell schaffen würde. Mir war ebenso bewusst, dass ich dann auf viele Annehmlichkeiten verzichten müsste und wegen der Kinder auch keine Freiheit mehr haben würde. Wir waren absolut ratlos, wie es weitergehen sollte.

Eigentlich waren wir ganz und gar am Ende! Nur nach außen ließen wir uns nichts anmerken und hielten das Bild der glücklichen Familie aufrecht.

Es bricht aus mir heraus

Was auch immer ich anstellte, ich fand nicht Glück und Geborgenheit, sondern schaffte mir offenbar nur neue Probleme. Mein Leben war ein absolutes Chaos. Zeitweise entwickelte ich richtigen Hass auf mich selbst. Dadurch war ich wohl häufig ziemlich ungenießbar. Wie eine Spirale drehte ich mich weiter hinab in den Abgrund. Wenn ich auf meinen Onkel Richard traf, ließ ich ihn meinen Hass spüren. Meine Bitterkeit über ein gescheitertes Leben wurde immer mächtiger. Grübelnd geriet ich immer wieder in einen gefühlsmäßigen Abgrund.

Dann organisierte Patricks Männergruppe ein Wochenende für Frauen. Im Laufe der Unterhaltungen stellte sich heraus, dass einige der Teilnehmerinnen Missbrauchsopfer wie ich waren. Die Leiterin, eine äußerst feinfühlige Person, vermittelte uns das Gefühl, ihr unsere Nöte anvertrauen zu können. In dieser Ruhe und Abgeschiedenheit konnte man sich wirklich mit den tiefen Verletzungen der Vergangenheit auseinandersetzen.

Immer wieder begann eine der Frauen zu weinen. Wir wurden ermutigt, unseren Gefühlen freien Lauf zu lassen. Als ich meine Tränen der Verletzung, Enttäuschung und des Hasses nicht mehr zurückhalten konnte, wurde ich auf wunderbare Art von der Leiterin aufgefangen. Mit sanfter Stimme hinterfragte sie meine Gedanken, welche mich zu diesem Gefühlsausbruch bewegten.

An jenem Tag weinte ich stundenlang, konnte mich kaum beruhigen. Zu vieles hatte sich über all die Jahre aufgestaut. Nun war dieser Damm zum ersten Mal gebrochen. Durch das Fragen dieser Frau wurde mir klar, was in mir die größte Trauer auslöste: Ich fühlte mich verlassen und von meinem Papa im Stich gelassen, seit er mir damals nicht geholfen hatte, als sich alle gegen mich wandten. Ausgerechnet von ihm hätte ich das niemals erwartet! Warum nur hatte er sich so verhalten?

Die Leiterin ermutigte mich, dem möglichst bald nachzugehen und auch meinem Onkel einmal klar zu sagen, was er mir angetan hatte.

Ich beschloss, zuerst das Gespräch mit meiner Mama zu suchen. Sie konnte der Schlüssel zu diesem Geheimnis sein. Allerdings sprach sie nicht gerne über negative Dinge aus der Vergangenheit, sondern kehrte lieber alles unter den Teppich. Als ich ihr zu verstehen gab, wie wichtig es für mich war, meinen Papa zu verstehen, antwortete sie mir: „Dein Papa weiß doch gar nichts von dieser Sache! Ich habe ihm nie etwas davon erzählt, da ich sein Bild von seiner geliebten Tochter nicht zerstören wollte. Ich habe ihm doch nur diese Enttäuschung ersparen wollen!“

Durch ihre Erklärung verstand ich nun, dass er nie reagieren konnte, da er nichts wusste. Darüber war ich erleichtert, denn das bedeutete auch, dass er mich nicht bewusst im Stich gelassen hatte. Es fühlte sich in mir an, als sei mir eine schwere Last von meinem Herzen genommen worden. Endlich konnte ich meinem Papa wieder ganz unvoreingenommen begegnen. Die unsichtbare Mauer, die ich durch das Gefühl, im Stich gelassen worden zu sein, aufgebaut hatte, zerfiel! Nun stand meiner Liebe zu Papa nichts mehr im Weg.

Andererseits war ich über die Sichtweise meiner Mama entrüstet. Sie hielt mich also nach wie vor dafür verantwortlich und hatte noch immer nicht wahrgenommen, dass ich missbraucht worden war. Nach all den Jahren!

Dennoch, die Erleichterung nach diesem Gespräch überwog. Der langjährige, hartnäckige Hautausschlag an meinen Händen verschwand und auch die allergiebedingten Asthmaanfälle vergingen.

In der Bewältigung unserer Eheprobleme half mir all dies allerdings nicht weiter. Patrick merkte endlich selbst, dass ihm diese Männertreffen nicht gut taten. Einige der Teilnehmer waren inzwischen geschieden. So schnell wollten wir nicht aufgeben.

Kapitel 5

Mein neues Leben

Ein total verrücktes Wochenende

Wieder einmal läuteten die Zeugen Jehovas an unserer Tür. Manchmal unterhielten wir uns mit ihnen, und so bot uns Frau Lanner eines Tages an, gemeinsam mit ihr die Bibel zu studieren. Sie schenkte Patrick dazu gleich eine Bibel – der eigentlich schon immer wissen wollte, was darin stand. Dann brachte Frau Lanner uns kleine Bücher mit, die wir abschnittsweise lesen sollten. Die Fragen, die wir dabei hatten, besprachen wir dann beim nächsten Treffen mit ihr.

Da ich immer schon gerne las, verschlang ich diese Lektüren geradezu. Es war alles sehr einleuchtend geschrieben und so glaubte ich, was ich las und erklärt bekam. Durch die Auseinandersetzung mit der Bibel bekam ich wieder ein schlechtes Gewissen wegen meines Doppellebens. Doch ich hatte weder den Willen noch die Kraft, die Affäre mit Alfred zu beenden.

Dann trafen wir eines Tages zufällig Eva und Mario. Da sie weggezogen waren, hatten wir uns lange aus den Augen verloren. Mario war kaum wiederzuerkennen, so sehr hatte er sich verändert. Aus seiner langen, dauergewellten Mähne war ein Kurzhaarschnitt geworden, seine Armbanduhr war unauffällig und von seinen Goldkettchen und protzigen Ringen war nichts mehr zu sehen. Selbst seine Kleidung war nicht mehr auffällig.

Im Gespräch erfuhren wir bald, dass Mario sich nicht nur äußerlich verändert hatte: Von einem eingebildeten, überheblichen Typen mit ausgesprochenen Macho-Allüren war er zu einem umgänglichen Familienvater geworden. Wir waren total überrascht! Eva und Mario hatten einen kleinen Sohn, um den er sich rührend kümmerte. Als wir nach dem Grund für diese sichtbare Veränderung fragten, meinten die beiden, dies sei „nur durch Jesus Christus" möglich gewesen. Offenbar trafen sie sich jeden Sonntag zum Gottesdienst mit anderen Leuten, aber nicht in der katholischen Kirche.

Das kam Patrick und mir nun komisch vor und wir hegten schon den Verdacht, dass die beiden in eine Sekte geraten sein könnten. Als Mario wiederum erfuhr, dass wir selbst die Bibel gerade mit einer Zeugin Jehovas kennenlernten, begann er auf uns einzureden, dass deren Lehre letztlich nicht mit der Bibel übereinstimme. Er riet uns dringend, davon Abstand zu nehmen, und bot uns gleichzeitig an, uns gemeinsam mit ihm mit der Bibel zu beschäftigen. Wir fühlten uns ein wenig überrumpelt und mussten erstmal darüber nachdenken ...

Zur selben Zeit läutete ein junger Nachbar an unserer Tür, mit dem wir bisher eigentlich kaum zu tun hatten. Erich war anders als die meisten in der Nachbarschaft – er beteiligte sich nicht an dem üblichen Klatsch, war immer freundlich und hilfsbereit. Als er nun so unerwartet vor unserer Tür stand, fragte er ganz unvermittelt, ob es stimme, dass wir gerade ein Bibelstudium mit den Zeugen Jehovas machten. Dann warnte er uns davor. Er selbst sei Christ und glaube an Jesus Christus, auch wenn er nicht in der katholischen Kirche sei. Er habe eine Beziehung zu Gott und treffe sich mit anderen zum Bibellesen. Bald stellte sich heraus, dass er zu derselben Gemeinde gehörte wie Eva und Mario.

Von da an unterhielten wir uns häufig mit Erich. Er hatte eine feine Art und konnte alles erklären, was wir wissen wollten. Seine

Freundlichkeit, sein intensiver Bezug zur Natur und sein Wissen über die Bibel beeindruckten uns.

Zugleich waren wir in Bezug auf die Zeugen Jehovas inzwischen sehr verunsichert. Schließlich sagten wir Frau Lanner, dass wir das Studium gerne einstellen wollten. Als sie dann von unseren Bekannten erfuhr, begann sie über diese Christen zu schimpfen und bedrängte uns, weiterhin mit ihr zu lesen. Doch wir blieben bei unserem Entschluss.

An diesem Wochenende geschahen noch weitere sonderbare Dinge. Patrick litt ganz plötzlich an Schwindel und verlor seine Stimme. Es war klar: Er machte einen intensiven inneren Kampf durch, physisch war er dabei kerngesund. Es kam uns beiden vor wie ein Angriff von Geistern – an die wir doch nicht mal glaubten.

Da Mario auf eine Antwort auf sein Angebot wartete, gemeinsam mit ihm die Bibel zu lesen, versuchten wir, einen Entschluss zu fassen. Wir wogen alles Für und Wider ab. Zu verlieren hatten wir ja nichts! Also wollten wir es versuchen. Sollte uns das Lesen in der Bibel mit Mario nicht gefallen, konnten wir jederzeit damit aufhören. Außerdem hatten wir mehr Vertrauen gegenüber einem alten Bekannten als gegenüber dieser Zeugin Jehovas. Und Mario hatte keinen Vorteil davon, wenn wir mit ihm in der Bibel lasen. Wenn das sein eigenes Leben so sehr verändert hatte – konnte es vielleicht auch eine Chance für unsere Ehe sein?

Von da an trafen wir uns also wöchentlich mit Mario und lasen Stück für Stück im Neuen Testament, im Evangelium des Johannes. Was wir nicht verstanden, erklärte er uns anhand anderer Bibelstellen oder mit Beispielen aus seinem Leben. Gemeinsam beteten wir jedes Mal. Es kam uns so vor, als hatte Mario eine andere Beziehung zu Gott als die Pfarrer in der Kirche, die wir kannten. Wenn er betete, klang das wie eine persönliche Unterhaltung mit Jesus, gerade so, als säße er mit uns am Tisch.

Nach und nach begannen wir zu verstehen. Ich begriff allmählich, dass Jesus für mich persönlich am Kreuz gestorben war. In den Gesprächen anhand der Bibel wurde mir klar, dass Jesus uns einlädt, uns ganz persönlich im Gebet an ihn zu wenden. Dass er geradezu mit uns leben will. In der Bibel las ich, dass Jesus alleine uns von unserer Schuld befreien kann. Weil er am Kreuz für uns gestorben ist, können wir frei werden!

In Johannes 16,23–24 las ich: „Ich versichere euch: Wenn ihr den Vater in meinem Namen um etwas bittet, wird er es euch geben. Bisher habt ihr in meinem Namen nichts von Gott erbeten. Bittet ihn, und er wird es euch geben. Dann wird eure Freude vollkommen sein“. Ich entschloss mich dazu, ihm zu vertrauen, und begann, Gott um die Rettung unserer Ehe zu bitten.

Licht in der Nacht

In diesen Wochen traf ich mich oft mit Erich auf der Bank vor unserem Haus. Wir unterhielten uns stundenlang über Gott, über Jesus und das Leben mit ihm. Ich konnte ihm alles anvertrauen. Erich hörte mir geduldig zu, verstand mich und machte mir keine Vorwürfe. Selbst als ich ihm von meiner Affäre beichtete, schien er nicht groß verwundert zu sein. Er gab mir nie das Gefühl, besonders schlecht zu sein – wie ich mich ja fühlte.

Ich wusste, dass Mario beim Thema Ehebruch eine unnachgiebige Haltung hatte. Deshalb wagte ich es nicht, mich ihm anzuvertrauen. Mein Gewissen klagte mich allerdings immer energischer an, während wir weiter in der Bibel lasen. Als wir dann im Johannesevangelium im achten Kapitel lasen, wie Jesus einer Ehebrecherin begegnete, wusste ich, dass ich vor Gott niemals bestehen kann.

Damals wurden die Frauen dafür zu Tode gesteinigt. Die Leute, die diese Frau vor Jesus geschleppt hatten, erwarteten nun genau dieses Urteil von ihm. Aber Jesus überraschte sie und sagte, dass derjenige, der ohne Schuld sei, den ersten Stein werfen solle. Daraufhin löste sich die Menge auf. Und Jesus sagte zu der Frau: „Dann will ich dich auch nicht verurteilen. Geh, aber sündige nicht noch einmal“ (Johannes 8,11). Das bedeutete für mich ganz klar, dass ich die Affäre mit Alfred aufgeben musste. Aber wie sollte ich das nur schaffen?

In der Bibel hatte ich gelesen, dass Jesus uns unsere Sünde vergibt, wenn wir sie ihm bekennen. Doch solange ich meinen Mann betrog, konnte ich Jesus unmöglich um Vergebung bitten. So wie Erich oder Eva und Mario mit Jesus lebten – ich konnte Gott unmöglich in mein verpfuschtes Leben einladen! Lieber wollte ich zuvor mich selbst und mein Leben ändern, um es dann auch wert zu sein, Jesus so zu begegnen.

Doch immer wenn ich Alfred traf, brachte ich es nicht zustande, die Beziehung zu ihm zu beenden. Ich war gefangen, ohne Ausweg.

Erst als Erich mir in einem weiteren Gespräch klar machte, was Gott erwartete, begann ich langsam zu begreifen. „Wer seine Sünden vertuscht, hat kein Glück; wer sie aber bekennt und meidet, über den erbarmt sich der Herr“, las ich in der Bibel (Sprüche 28,13). Ich verstand: Jesus lud mich ein, meine Sünden beim Namen zu nennen und sie ihm zu bekennen, anstatt sie zu verheimlichen.

Ich war zutiefst berührt davon, was ich in der Bibel las – da war ja genau meine tiefe Sehnsucht nach Leben, nach Frieden und Geborgenheit angesprochen!

„Verlass dich nicht auf deine eigene Urteilskraft, sondern vertraue voll und ganz dem Herrn! Denke bei jedem Schritt an ihn; er zeigt dir den richtigen Weg und krönt dein Handeln mit Erfolg. Halte dich nicht selbst für klug; gehorche Gott und meide das Böse! Das heilt und belebt deinen ganzen Körper, du fühlst dich wohl und gesund“ (Sprüche 3,5–8).

„Kommt alle her zu mir, die ihr euch abmüht und unter eurer Last leidet! Ich werde euch Frieden geben. Nehmt meine Herrschaft an und lebt darin! Lernt von mir! Ich komme nicht mit Gewalt und Überheblichkeit. Bei mir findet ihr, was eurem Leben Sinn und Ruhe gibt“ (Matthäus 11,28–29).

Offenbar hatte Gott selbst nichts anderes im Sinn, als dass mein Leben gut werden sollte. Wie das geschehen sollte, war mir noch schleierhaft, doch mir wurde immer klarer: Diesem Gott will ich vertrauen. Ich wollte aus meinem Sumpf herauskommen.

Eines Abends im Sommer 1997 war es mir alles zu viel. Ich ging auf die Knie und betete zu Jesus. Ich bat ihn um Vergebung für alle Sünden, die mir einfielen, meine Lügen und ganz besonders mein Ehebruch. Im Laufe des Gebets wurde ich ruhig. Es tröstete mich, als ich in der Bibel las: „Wenn wir aber unsere Sünden bereuen und sie bekennen, dann dürfen wir darauf vertrauen, dass Gott seine Zusage treu und gerecht erfüllt: Er wird unsere Sünden vergeben und uns von allem Bösen reinigen“ (1. Johannes 1,9).

Ich fühlte tief in mir, dass das stimmte. Ich fühlte, dass er mich angenommen hatte wie damals die Prostituierte, von der in der Bibel in Lukas 7,44–47 erzählt wird und die Jesus die Füße wusch.

Erich machte mir Mut, und so legte ich mein Leben in Gottes Hände. Wir beteten gemeinsam, dass Jesus mir dabei helfen solle, meine Affäre zu beenden. Mir war völlig klar, dass dieser Schritt nun dran war.

Bei meinem nächsten Treffen mit Alfred war ich total nervös. Ich hatte Angst, den Absprung nicht zu schaffen. Bevor ich zu ihm ins Auto stieg, bat ich Jesus um Hilfe. Dann verweigerte ich mich Alfred standhaft, erklärte ihm, dass ich mich ihm nie mehr hingeben würde, und beendete diese Affäre damit ein für allemal. Zitternd fuhr ich nach Hause. Doch zugleich war ich glücklich: Ich fühlte mich von einer großen Last befreit und war Gott dankbar für seine Hilfe.

Wenige Wochen später war auch Patrick soweit und übergab Jesus sein Leben. Nun wollten wir beide mit Jesus Christus leben, ihm unser Leben anvertrauen. Da wir mit dem Anspruch der katholischen Kirche, die einzig richtige Kirche zu sein, ohnehin Mühe hatten, traten wir kurzerhand aus. Bald darauf nahmen wir auch unsere Kinder aus der Kirche heraus. In der Gemeinde, wo auch Erich, Eva und Mario waren, fanden wir bald danach ein neues Zuhause.

Meine Eltern hatten damit große Probleme – unser Entschluss leuchtete ihnen nicht ein. Nun hatten sie Angst, dass wir womöglich in eine Sekte geraten waren. Doch wir ließen uns dadurch nicht davon abhalten, mehr über Jesus in der Bibel zu lesen, ihn besser kennenzulernen und in unserem eigenen Leben zu erfahren.

Als Zeichen dafür, dass wir uns Jesus anvertraut hatten, ließen wir uns im August taufen. In diesem Taufgottesdienst, der draußen an einem See stattfand, sangen wir gemeinsam christliche Lieder und hörten auf Worte aus der Bibel. Dann bekannten Patrick und ich vor allen Leuten, dass wir die Vergebung von Jesus Christus angenommen hatten und ihm nachfolgen wollten. Mario war es schließlich, der uns taufte, indem er uns nacheinander ganz unters Wasser tauchte. Dadurch kommt zum Ausdruck, dass man sein altes Leben begräbt und durch Jesus zu neuem Leben wieder aufersteht. Ich war so glücklich wie lange nicht mehr!

Erich zog bald weg, da er studieren wollte. Doch allmählich lernen wir die Leute in seiner Gemeinde kennen und fühlten uns wirklich angenommen. Ihre Fröhlichkeit und gegenseitige Hilfsbereitschaft sowie die offensichtliche Liebe untereinander beeindruckten uns sehr. Wir fühlten uns so richtig wohl und geborgen – hatten den Eindruck, zuhause angekommen zu sein.

Indem Erich ging, hatte ich mit ihm eine wichtige Vertrauensperson verloren. Durch viele intensive Gespräche war Erich für mich eine immens große Stütze geworden. Seine weise und gütige Art hatte mir geholfen, mich Jesus immer mehr anzuvertrauen. Aus mir heraus hätte ich solch ein Vertrauen wohl kaum aufgebracht.

Aber so konnte ich mein Vertrauen nun noch stärker auf Jesus Christus selbst richten und mich nach und nach auch anderen Leuten aus der Gemeinde anvertrauen.

Alles steht auf dem Spiel

Eine Frage, die mich nach wie vor sehr umtrieb, war jedoch noch nicht beantwortet: War es notwendig, dass ich meinem Mann Patrick gestand, dass ich ihn betrogen hatte? Oder genügte es vielleicht doch, dass ich es Jesus bekannt hatte?

Ich schämte mich zutiefst für meine Schwäche und wollte Patrick diese Enttäuschung und tiefen Schmerzen ersparen. Würde es denn nicht reichen, dass ich ihm in Zukunft treu wäre? Doch was, wenn irgendwann irgend jemand Patrick von meiner Affäre erzählen würde? Dann wäre es für ihn sicherlich noch wesentlich schlimmer, das Vertrauen zwischen uns noch angegriffener.

Mir wurde immer klarer, dass ich nicht drum herum kommen würde, Patrick alles zu erzählen und ihm meine Schuld zu bekennen. Doch gerade davor hatte ich riesige Angst. Wenn wir uns hin und wieder theoretisch über das Thema Seitensprung unterhalten hatten, hatte Patrick immer ganz klar gemacht: In solch einem Fall von Vertrauensbruch würde er sich von mir trennen und alles daran setzen, auch die Kinder mit zu sich zu nehmen. In Gedanken sah ich nun schon meine gepackten Koffer vor der Tür stehen. Nie, nie, nie würde mir Patrick dies vergeben! Nein, ich konnte es ihm nicht sagen.

Aber ich kam darüber nicht mehr zur Ruhe. Innerlich kämpfte ich und litt weiterhin unter der Angst, mein Leben zu zerstören. Ich benötigte ein dreiviertel Jahr, bis ich Jesus auch diese Angst anvertrauen konnte. Nun legte ich mein Schicksal ganz in seine Hände.

Mir war inzwischen klar geworden, dass ich wohl alles zerstört hatte, was ich mir bisher mit Patrick erträumt hatte. Es gab tatsächlich keine Sicherheit, dass wir beieinander blieben, wenn ich auspackte. Würden sich nach meinem Geständnis unsere Wege trennen, oder würde Gott unsere Liebe erneuern?

Ich blieb dabei – ich wollte darauf vertrauen, aus meiner Dunkelheit heraus ins Licht zu kommen und wieder Zukunft zu sehen. Aufrichtig wollte ich das Richtige tun und Gott gehorsam sein. Ich betete zu Gott, dass er Patricks Herz wieder heilen würde, nachdem ich es ihm wohl gebrochen hatte. Und ich betete dafür, dass mir mein Mann vergeben konnte.

An einem Abend im Frühjahr 1998 setzte ich schließlich alles auf Gott und beichtete meinem Mann den Ehebruch. Ich kniete mich vor ihn auf den Boden und begann mit erstickter Stimme zu erzählen. Patrick hörte mit entsetztem Gesichtsausdruck zu. Er konnte kaum glauben, was ich ihm offenbarte und dass ich ihn über zwei Jahre lang betrogen hatte. Der tiefe Schmerz stand ihm ins Gesicht geschrieben. Seine Augen füllten sich mit Tränen.

Er stellte mir einige Fragen und wollte so manche Details wissen. Schweren Herzens gab ich ihm die ehrlichen Antworten darauf, obwohl ich wusste, dass sein Leiden dadurch noch verstärkt wurde. Ich bat ihn inständig, mir zu verzeihen, und fühlte mich dabei wie Dreck.

Wir weinten zusammen, denn nun lag offensichtlich unser Leben in Scherben, ebenso wie das Herz meines Mannes zerbrochen war. Ich konnte Patrick vor lauter Scham nicht in die Augen sehen. Seinen schmerzerfüllten Gesichtsausdruck konnte ich nicht ertragen. Patrick war nicht imstande, noch etwas zu sagen und wir gingen bedrückt ins Bett. Wir konnten beide lange nicht einschlafen.

Nach einer entsetzlichen Nacht ging Patrick ohne viele Worte zur Arbeit. Sein Schweigen war für mich unerträglich, denn ich hatte mit Beschimpfungen und dem Rausschmiss gerechnet. Doch nun schluckte er alles in sich hinein und machte sich in keiner Weise Luft. Noch war unsere Zukunft äußerst ungewiss. Würde Patrick mir jemals vergeben können?

Ich saß bei unseren Kindern auf dem Boden und weinte. Die beiden verstanden natürlich die Welt nicht mehr. Als sie fragten, weshalb ich weinte, konnte ich es ihnen kaum erklären. Ich schämte mich unendlich und konnte den Gedanken nicht ertragen, dass ich nun auch das Leben unserer Kinder zerstört hatte. Mussten sie womöglich künftig ohne mich aufwachsen? Plötzlich läutete das Telefon. Patrick war am Apparat und sagte, dass er nach Hause kommen würde. Er könne nicht arbeiten, da er keinen klaren Gedanken fassen und sich nicht konzentrieren könne. Er bat mich, einen Mann aus unserer Gemeinde, Jack, anzurufen und ihn zu einem Gespräch zu uns zu bitten. Zu Jack hatte Patrick inzwischen großes Vertrauen aufgebaut, er war ihm zum Vorbild geworden.

Als ich Jack anrief, musste ausgerechnet ich ihm schildern, warum wir ihn nun einluden. Es war furchtbar! Doch Jack versprach, noch am selben Nachmittag zu kommen. In der Zwischenzeit sorgte ich dafür, dass sich dann jemand um unsere Kinder kümmerte.

Erneuerung durch Vergebung

Patrick konnte seine Gedanken überhaupt nicht mehr ordnen und war total niedergeschlagen. Er war absolut am Ende. Beschämt öffnete ich die Tür, als Jack läutete. Wir setzten uns an den Tisch, jeder an eine Seite, so dass wir drei uns gegenüber saßen. Nie zuvor hatte ich mich so mies und schuldig gefühlt. Mit gesenktem Kopf saß ich auf unserer Küchenbank. Würde Jack es schaffen, uns einen begehbaren Weg aufzuzeigen? Wie schlecht musste er jetzt wohl von mir denken? Zum Glück fragte er mich nicht viel, denn das Ganze fiel mir furchtbar schwer. Am liebsten wäre ich im Erdboden versunken. Doch da musste ich nun durch! Ich fühlte mich wie auf einer Anklagebank.

Nachdem Jack sich ein Bild von unserer Situation gemacht hatte, wollte er uns mit Hilfe der Bibel zu verstehen geben, wie Gott ist. Er erklärte uns zum Beispiel die Beziehung Gottes zu seinem Volk Israel: Sein Volk wurde ihm immer wieder untreu und betete andere Götter an. Dennoch liebte Gott sein Volk so sehr, dass er ihm stets vergab und ihm immer wieder eine neue Chance gab. Gott war barmherzig. Barmherzigkeit ist ein Wesenszug Gottes.

So wie das Volk Israel sind wir alle Gott gegenüber untreu. Niemand von uns ist fehlerlos und von sich aus würdig, Gott überhaupt unter die Augen zu treten. Doch Gott gibt uns nicht auf.

Ich ahnte, dass Jack darauf hinaus wollte, dass Patrick die Bereitschaft fand, mir zu vergeben. Jack war sich sicher, dass eine Trennung oder gar Scheidung unser Problem nicht wirklich lösen würde.

Ich konnte regelrecht fühlen, wie es für meinen zutiefst verletzten Mann immer enger wurde. Nun war es an ihm, eine Entscheidung zu treffen. Jack fragte ihn ganz direkt: „Denkst du, dass du das Recht hast, deine Frau zu verstoßen?“ Patrick dachte nach und antwortete leise: „Nein.“ „Willst du Marina ihre Schuld vergeben, so wie Jesus Christus uns vergeben hat?“ Patrick nickte. Ich merkte ihm an, wie schwer es ihm fiel. Doch damit gab Jack sich nicht zufrieden. Er meinte, wenn Patrick wirklich dazu bereit wäre, dann solle er es auch aussprechen und mir direkt sagen. Es tat weh, zu sehen, wie mein Mann sich quälte. Doch am Ende sah er mir in die Augen und sagte: „Marina, ich vergebe dir.“ Mir liefen nur noch die Tränen übers Gesicht und ich brachte keinen Ton heraus.

Als Jack uns dann verließ, wusste ich, dass wir nun bei Null beginnen konnten. Versöhnung braucht Zeit, Wunden müssen erst heilen, doch mit Patricks Vergebung war der erste Schritt dahin getan. Als er mich an diesem Abend wieder in die Arme nahm, spürte ich seine Aufrichtigkeit, aber auch seinen Schmerz. Dennoch war ich überglücklich, denn Gott hatte sein Versprechen gehalten. Ich hatte ihm mein Leben anvertraut. Und er wandte selbst diesen furchtbaren Zerbruch zum Guten und schenkte unserer Ehe eine neue Chance. Erschöpft gingen wir nach diesem dunklen Tag ins Bett.

Am nächsten Tag rief Patrick bei Alfred an. Mit entschlossener Stimme sagte er ihm, dass ich ihm die Affäre gestanden hatte und er nun über alles Bescheid wusste. Er versicherte Alfred, dass ihm nichts daran läge, nun dessen Frau darüber zu informieren. Aber Patrick betonte: „Lass deine Finger von meiner Frau und komm nie mehr in ihre Nähe!“ Damit war nun auch die letzte Hintertür verschlossen!

Das Vertrauen meines Mannes mir gegenüber war bald stärker als je zuvor. Unsere erste intime Begegnung nach dieser Offenbarung war ein besonders intensives Erlebnis. Wir berührten uns so zart und vorsichtig, als wäre es das erste Mal. Patrick flüsterte mir dabei ins Ohr: „Ich weiß, du gehörst nur noch mir allein. Ich liebe dich.“ Er hätte mir nichts Schöneres sagen können!

Meine Affäre stand von da an nie mehr zwischen uns. Ich erwiderte Patricks Liebe aus ganzem Herzen. Gemeinsam dankten wir Gott für das Geschenk der Erneuerung unserer Ehe.

Vertrauen lernen

Nun konnte es nur noch aufwärts gehen. Die Beziehung zwischen Patrick und mir war jetzt anders als je zuvor. Und mein Ehebruch war schon bald kein Thema mehr. Unser Vertrauen zueinander entwickelte sich und wurde sogar tiefer als früher. Wir fühlten eine ganz besondere körperliche Verbundenheit.

Nun begannen wir, immer stärker gemeinsam zu überlegen, wohin wir uns entwickeln wollten. Patrick und ich beschäftigten uns intensiv mit der Frage nach unseren jeweiligen Rollen, überdachten unsere Erziehung und sprachen miteinander darüber, was wir unseren Kindern mitgeben wollten. Gerade im Umgang mit unseren Kindern erlebten wir nun große Veränderungen.

Die christliche Gemeinde, die wir besuchten, wurde zu einer hilfreichen Unterstützung auf unserem Weg, unser Leben zu sortieren und auf eine neue Basis zu stellen. Diese Glaubensgeschwister wurden nicht nur unsere Freunde, sondern wie eine neue Großfamilie für uns.

Verbunden im gemeinsamen Ziel, unser Leben Jesus Christus anzuvertrauen und ihm nachzufolgen, genossen wir die Frische und Dynamik der Gemeinschaft. Staunend erlebten wir, wie selbst Meinungsverschiedenheiten liebevoll miteinander bewältigt wurden. Dabei wurde uns klar, dass Liebe nicht auf einem vorübergehenden Gefühl beruht, sondern vielmehr auf einem Willensentschluss. Und mit der Zeit erlebten wir selbst, dass man sich dafür entscheiden kann, jemanden zu lieben – vor allem aus der Erfahrung heraus, selbst von Gott geliebt zu sein.

Meine Eltern waren freilich eine ganze Weile äußerst skeptisch. Erst nach einigen Jahren, als sie sahen, dass unser Leben sich immer mehr zum Guten veränderte und wir Freiheit, nicht Unfreiheit, erlebten, waren sie beruhigt, dass wir nicht etwa in die Fänge einer Sekte geraten waren. Doch obwohl sie sahen, wie gut es uns ging und wie glücklich wir waren, wollten sie selbst sich nicht näher damit beschäftigen, was es heißt, Christsein im Alltag zu leben.

Wir lernten immer mehr auf Gott zu vertrauen. Dabei machten wir die Erfahrung, dass Gott unsere Gebete, unsere Bitten erhörte. Und wir gewannen an Sicherheit, dass unser Glaube an Jesus keine Illusion ist, dass die Bibel keine leeren Versprechen enthält.

Es tauchen Fragen auf

Nun folgte eine Zeit, in der mich viele existentielle Fragen beschäftigten: Warum musste ich so furchtbare Tiefen durchwandern? Wo war Gott, als sich mein Onkel an mir verging? Warum hatte meine leibliche Mutter mich nicht behalten? Warum gibt es überhaupt so viel Leid auf dieser Welt, warum tut Gott scheinbar nichts dagegen? Und was ist, wenn ich einmal sterbe – ist mit dem Tod dann alles aus?

Es half mir ungemein, in der Bibel zu lesen. Auf viele dieser Fragen erhielt ich im Laufe der Zeit dadurch tatsächlich Antworten und erfuhr immer mehr über das Wesen Gottes. Schließlich wurde mir zum Beispiel klar, dass es mein Leben gar nicht bestimmen musste, dass ich von meiner leiblichen Mutter nicht geliebt worden war: Gott wollte mich, er liebte mich und begleitete mich nun auf jedem Schritt. War das nicht wesentlich mehr wert als eine Mutterliebe, von der man auch enttäuscht werden kann? Seiner Liebe konnte ich mir sicher sein und das gab mir ein unglaubliches Gefühl von Geborgenheit. Ich fühlte mich sicher.

Aber wo war dieser liebende Gott, als ich missbraucht wurde? Warum musste ich das durchmachen?

Eine befriedigende und abschließende Antwort auf die Frage nach dem „Warum?“ fand ich natürlich nicht. Aber ich erkannte, dass unser freier Wille als Menschen eben immer auch die Option beinhaltet, sich für das Gute oder das Schlechte zu entscheiden. Offenbar lässt Gott es vielfach zu, wenn Menschen ihre eigenen Wege gehen und einander Unrecht tun, so tragisch es ist.

Allmählich begann ich dann, nicht mehr nach dem „Warum?“ zu fragen, sondern danach, *wozu* die traumatischen Erfahrungen meiner Kindheit und Jugend womöglich gut waren. Gab es vielleicht tatsächlich auch Aspekte dieses ganzen Horrors, die sich am Ende sogar positiv für mich auswirkten? Bei all dem Schrecken wurde mir klar, dass ich Gott vermutlich nie so gesucht hätte, wenn ich nicht zugleich solche Not erlebt hätte. Wenn mein Leben glatt verlaufen wäre, hätte ich vermutlich immer das Gefühl gehabt, niemanden zu brauchen.

Dann entdeckte ich, dass meine eigenen Erfahrungen von Missbrauch und Heilung anderen Menschen mit einer ähnlichen Geschichte vielleicht helfen können. Die unglaubliche Erfahrung, von Gott geliebt zu sein, so angenommen zu sein, wie ich bin, hat mein Leben dermaßen auf den Kopf gestellt, dass ich begann, den Menschen um mich herum davon zu erzählen.

Findet der Albtraum doch ein Ende?

In der Bibel, in Epheser 5,1, heißt es: „Seid nun Nachahmer Gottes als geliebte Kinder!" (Elberfelder Bibel). Dabei stieß ich natürlich immer wieder an meine Grenzen. Ich war nun schon drei Jahre dabei, mein Leben bewusst mit Gott zu leben, und hatte dabei einiges gelernt. Doch immer, wenn ich meinem Onkel Richard begegnete, entbrannte in mir ein unglaublicher Zorn.

Ich wusste zwar inzwischen, dass eine der zentralen Aussagen der Bibel lautete: „Liebe deinen Mitmenschen wie dich selbst" (Galater 5,14). Jesus selbst wird einmal so zitiert: „Ich sage aber: Liebt eure Feinde und betet für alle, die euch hassen und verfolgen!" (Matthäus 5,44–45). Doch ehrlich, dazu war ich absolut nicht bereit. Bei all dem, was Richard mir zugefügt hatte, war es doch nur gerecht, ihn abgrundtief zu hassen und ihn das auch spüren zu lassen, oder? Mir war zwar klar, dass meine bösen Blicke und meine schnippische Art ihm gegenüber ihm kaum etwas anhaben konnten, doch das war mein Versuch, mich wenigstens etwas an ihm zu rächen.

Manchmal kam es mir allerdings auch so vor, als sei das wie Gift in *meiner* Seele. Meine Bitterkeit und mein Groll machten Richard nicht viel aus – doch zunehmend merkte ich, dass sie mir selbst im Weg standen. Ich fand keinen Frieden und es ging mir nur dann wirklich gut, wenn ich meinem Onkel längere Zeit nicht begegnete oder ihm aus dem Weg ging. Irgendwann wurde mir dann klar, dass Richard noch immer Macht über mich hatte, solange ich ihn hasste. Immer, wenn in mir der Hass hochstieg, merkte ich: Ich war nicht frei! Ich ahnte zwar, dass es mir selbst gut tun würde, meinen Zorn loszulassen. Doch tief in mir war der Wunsch nach Vergeltung, Genugtuung, nach Gerechtigkeit. Schließlich war mein Onkel für seine Taten bisher ohne Strafe ausgegangen.

Während ich so mit meinen eigenen Gefühlen und Gedanken kämpfte, entdeckte ich einige Bibelstellen, die mich genau an dieser Stelle sehr herausforderten: „Durch Christus sind wir frei geworden, damit wir als Befreite leben" (Galater 5,1). Das wollte ich ja, befreit leben. Ich wollte die negativen Gedanken endlich hinter mir lassen. Doch ich ahnte immer mehr, dass diese Freiheit bedeutet, dass wir uns selbst überwinden. Ich las weiter in der Bibel: „Vergib uns unsere Schuld, wie wir denen vergeben, die uns Unrecht getan haben" (Matthäus 6,12). „Aber wenn ihr ihn um etwas bittet, sollt ihr vorher den Menschen vergeben, die euch Unrecht getan haben. Dann wird euch der Vater im Himmel eure Schuld auch vergeben" (Markus 11,25).

Gott hatte mir vergeben, und ich erkannte, dass er von mir erwartete, auch anderen zu vergeben. Wenn ich nicht bereit war, zu vergeben und loszulassen, konnten Zorn und Bitterkeit mein Leben und sogar mein Umfeld vergiften. Allmählich wurde mir klar, dass Vergebung kein Gefühl ist, sondern eine Entscheidung.

Wollte ich wirklich, dass meine Vergangenheit auch noch meine Zukunft beeinflussen sollte? War nicht längst genug Unheil geschehen? Und wollte ich wirklich zulassen, dass mein Onkel mir in Bezug auf ein befreites Leben im Weg stand?

Doch aus mir selbst heraus war ich nicht bereit, Richard zu vergeben. Es war einfach zu viel.

Dann wurden mir die Augen geöffnet und ich erkannte die heilende Wirkung auf unser Leben als ganze Familie, nachdem mein Mann Patrick mir den Ehebruch vergeben hatte. Er hatte mir völlig vergeben, und so hatten wir die Chance erhalten auf einen gemeinsamen Neuanfang. Diese Erkenntnis half mir, dass ich dazu bereit wurde, mich überhaupt darum zu bemühen, Richard zu vergeben.

Im Jahr 2001 luden Richard und Claudia uns zu ihrer Silberhochzeit ein. Es kam mir vor wie eine gute Gelegenheit, meinem Onkel endgültig zu vergeben. Ich beschloss kurzerhand, einen persönlichen Brief an die beiden zu schreiben.

Alleine das Schreiben löste etwas in mir. Ich fühlte mich irgendwie wie von einer langjährigen Last befreit. Schon mein Entschluss: „ich will ihm vergeben" fühlte sich an wie der Beginn eines heilsamen Weges. Ich spürte: Mit der Zeit würde die Vergangenheit ihre Macht über mich verlieren.

Mein Onkel hatte mich nie um Vergebung gebeten oder auch nur den Eindruck erweckt, sich seiner Schuld bewusst zu sein. Doch weil es für mich selbst gut war, war ich bereit, ihm dennoch zu vergeben. Während der Feier überreichten Patrick und ich den beiden mit einem Geschenk in einem Umschlag auch meinen Brief, in dem ich ihnen meine Entscheidung mitteilte, Richard zu vergeben.

Zum ersten Mal stieg in mir kein Zorn hoch, als ich Richard nun gegenüber stand. Ich konnte mich ganz normal mit ihm unterhalten. Immer wieder beobachtete ich ihn und hörte mir die Leidensgeschichten an, die er den Leuten erzählte. Offenbar ging es ihm gesundheitlich gerade nicht so gut. Plötzlich fiel mir auf, dass er mir sogar irgendwie leid tat.

Ich war verwundert über mich selbst. Mir fiel ein Zitat von Mark Twain ein: „Vergebung ist der Duft, den die Blume am Absatz desjenigen hinterlässt, der sie zertreten hat."

Es dauerte dann eine ganze Weile, bis Claudia sich für das Geschenk und meine Zeilen bedankte. Von Richard hörte ich kein Wort zu diesem Thema. Aber das störte mich nicht mehr – ich hatte meinen Frieden gefunden, konnte mich wieder meines Lebens freuen und fühlte mich frei!

Wann immer ich ihm seitdem begegnet bin, hatte ich keine negativen Gefühle mehr ihm gegenüber. Nun hatte Richard keine Macht mehr über mich und ich musste ihm nicht mehr aus dem Weg gehen.

Nun konnte ich viel besser nachempfinden, wie hart es für meinen Mann Patrick gewesen war, mir den Ehebruch zu vergeben! Vergeben kostet uns viel, aber es lohnt sich. Ich erlebte, wie Bitterkeit, Hass, Zorn, Misstrauen und Angst nach und nach aus meinem Herzen verschwanden. Ich war tatsächlich geheilt!

Das einzige, was mich von Zeit zu Zeit noch heute überkommt, ist eine Art Trauer oder Wehmut über meine verlorene Kindheit und Jugend, die mir freilich niemand mehr zurück bringen kann. Doch ich merke, dass mich diese Erinnerung mit der Zeit immer weniger schmerzt.

„... es liegt in deiner Hand“

Inzwischen war ich einunddreißig, Patrick und ich waren nun schon zehn Jahre miteinander verheiratet. Und wir waren glücklich! Freilich hatte jeder Tag seine eigenen Herausforderungen und uns war klar, dass noch viel Arbeit mit uns selbst vor uns lag. Dennoch kamen wir mit unserem Leben inzwischen größtenteils gut klar. Wir fühlten uns durch unsere beiden Kinder Martin und Vanessa nicht mehr überfordert, sondern wuchsen mit ihnen in unserer Aufgabe.

Da unsere Kinder vormittags im Kindergarten waren, hatte ich wesentlich mehr Zeit. Bald wuchs in mir der Wunsch nach einem dritten Kind. Patrick war davon zuerst nicht sehr angetan. Doch dann beschlossen wir nach reiflicher Überlegung, es einfach Gott zu überlassen. Wenn ich noch einmal schwanger werden würde, waren wir beide gerne bereit für ein drittes Kind.

Über ein Jahr lang passierte gar nichts, ich wurde nicht schwanger. Doch nach einem weiteren halben Jahr geschah es dann: Wir freuten uns von Anfang an! Als wir Martin und Vanessa sagten, dass sie ein Geschwisterchen bekommen würden, war auch bei ihnen die Freude groß. Meine Schwangerschaft und auch die Geburt verlief problemlos. Im September 2002 hielten wir unseren zweiten Sohn David gesund im Arm.

„Was die Zeit auch bringen mag, es liegt in deiner Hand“ (Psalm 31,15–16). Im Vertrauen auf Gott sehen wir unserer Zukunft mit positiver Erwartung entgegen.

Zum Schluss

Dieses Buch habe ich in der Hoffnung geschrieben, dass Sie als Leserinnen und Leser erkennen können, dass wir selbst nach traumatischen Erlebnissen Heilung erfahren können. Es gibt Hoffnung! Vielleicht kann mein eigener Weg hilfreiche Impulse dazu geben, wie wir – Opfer ebenso wie Täter – mit uns selbst, mit unseren Mitmenschen und auch mit Gott ins Reine kommen und unser Leben neu beginnen können.

Offen über meine Erlebnisse und Gefühle zu schreiben, fiel mir oft ziemlich schwer. Am schwierigsten empfand ich es aber, genau so ehrlich über mein eigenes Fehlverhalten zu schreiben – dabei komme ich natürlich längst nicht mehr so gut weg! Opfer werden bedauert und können mit Mitgefühl rechnen. Doch Täter werden verurteilt und gehasst.

Aber ist nicht jeder Mensch auch Täter? Natürlich sind nicht alle Menschen Verbrecher. Aber wir alle fügen den Menschen um uns herum manchmal Verletzungen zu, die wir vielleicht nicht mehr rückgängig machen können.

Sich den Gefühlen der Schande, der Scham und des Hasses zu stellen, ist eine große Herausforderung. Aus meinen eigenen Erfahrungen und den Berichten anderer Leute weiß ich, dass man nur durch Offenheit und die ungeschminkte Wahrheit sich selbst und anderen gegenüber ans Ziel kommt. Es ist wichtig, die Dinge beim Namen zu nennen. Mein eigener Ehebruch ließ mich erfahren, wie man sich als Täter fühlt. Es tut furchtbar weh, mit anzusehen, welche Schmerzen man seinem eigenen Ehepartner zugefügt hat. Aber indem meine eigene Schuld zur Sprache kam, konnte ich Vergebung erfahren und neu starten.

Haben Sie den Mut und stellen Sie sich Ihrem Leben und Ihrer Vergangenheit: Es lohnt sich! Ich wünsche Ihnen dabei von ganzem Herzen Heilung.

Marina S.

P. S.: Ein Buch, das mir dabei geholfen hat, mich aktiv dafür zu entscheiden, zu vergeben, war das Buch *Lass die Vergangenheit hinter dir – Hoffnung im tiefsten Schmerz* (Christliche Verlagsgesellschaft, Dillenburg 2009). Der Pastor Erwin W. Lutzer zeigt anhand seiner seelsorgerlichen Erfahrung, wie Gott verletzten und entmutigten Menschen hilft, das Alte hinter sich zu lassen und neu anzufangen: „Zorn erzeugt Zorn, Vergebung bewirkt Vergebung."

Kontaktadressen

Opfer sexuellen Missbrauchs, die Hilfe suchen, können sich zum Beispiel an diese Kontaktstellen wenden:

Evangelische Kirche in Deutschland
www.ekd.de/missbrauch/ansprechpersonen.html

Katholische Kirche in Deutschland
www.praevention-bildung.dbk.de

TEAM.F - Neues Leben für Familien e.V.
Christliche Ehe- und Familienseminare
Honseler Bruch 30
D-58511 Lüdenscheid
www.team-f.de/team-f-hilfen

Leben im Kontext e. V.
Elisabethstr. 16
D-44139 Dortmund
www.derberatungsfuehrer.de

Weisses Kreuz e. V.
Sexualethik und Seelsorge
Weißes-Kreuz-Straße 3
D-34292 Ahnatal/Kassel
www.weisses-kreuz.de

Unabhängige Beauftragte der Deutschen Bundesregierung
zur Aufarbeitung sexuellen Kindesmissbrauchs
www.sprechen-hilft.de
Tel. 08 00/22 55 530

Ein packender Roman über Lebensträume, Neuanfänge ... und wahre Liebe

LENA KLASSEN

Caros Lächeln

Roman

271 Seiten, ISBN 978-3-937896-53-3
Bestell-Nummer 588.653

„Lena Klassen ist ein packender Roman gelungen, über Lebensträume und Neuanfänge im Leben. Und die Suche nach dem, was einem im Leben wichtig ist und was eine Beziehung trägt. Das beste Buch der letzten Monate, das ich gelesen habe."

Kundenrezension auf Amazon.de

NEUFELD VERLAG

www.neufeld-verlag.de